KB170477

나만의 백과사전

나만의 백과사전

이태성 송정화 박옥남 윤정자 오숙영 김용한 이혜린
손웅기 이기훈 민경록 장재한 차현미 조장희 이복이
박미경 현해란 김진석 정선영 임상철 황성애 손기연
정 인 전승겸 김대석 박영미 김종숙 김준하 박은정
명정희 이유정 이희경 이영주 김종희 김나현 태승원 지음

매일경제신문사

있을 때 잘하자

필자는 지금까지 67년을 살아오면서 '삶의 지혜'에 관련된 책을 많이 읽고, 관심을 가지고 공부해왔다. 그럼에도 가장 지혜롭고 후회가 안 되는 삶의 방식은 "있을 때 잘하자"이다. 톨스토이(Leo Tolstoy)의 사례를 보면 더욱 확실해진다.

지금 그 사람과 있을 때, 그 순간은 다시 안 오기 때문에 누구를 만나도 있는 순간에 잘하는 것이 최선을 다하는 삶이라고 생각한다.

부모님도 살아 계실 때 잘하는 것이 최선이고 나중은 없다. 부자가 되면 잘 모신다고 말해도, 절대 쉽지 않다. 그때까지 살아계신다는 보장이 없지 않은가? 그런 상황을 체험하면서 "지금, 이 순간 함께하는 사람에게 잘하자"라는 마인드로 살아가고 있다.

이 시대는 너무나 변화가 심하다. 앞으로도 시대는 급변하면 했지, 이제는 변화가 더딜 수 없다고 본다. 가장 잘해야 할 대상은 이 순간 살아있는 바로 자신이다. 수시로 변하는 자신의 마음과 상태를 어떻게 관리하면서 어려운 시기를 극복해 나가야 할지 자신만의 매뉴얼이 있다면 쉽게 풀어갈 수 있을 것이다.

나침판과 지도의 역할

상황이 아무리 급변하고 힘들지라도 자신만의 마음을 가다듬고 가고자 하는 방향으로 살아가기 위해서는 나만의 백과사전, 나만의 지침서가 꼭 필요하다고 본다. 우리가 길을 잃었을 때 지도와 나침판을 보고 찾아가듯 나만의 백과사전은 자신의 삶에 매우 유용하게 활용될 것이기 때문이다.

내가 힘들 때 나는 어떻게 살아왔고, 무엇을 좋아하고, 또 애로사항은 무엇인지, 그것을 극복하는 과정을 생각해보자. 앞으로 어떤 어려움도 헤쳐나가기가 쉽고, 더 좋은 상황을 만들어갈 수 있다. 나만의 백과사전은 어떠한 역경도 경력으로 만들어가는 내 삶의 기본이될 것이라는 믿음이 있다.

관계의 질을 높이는 기회

우리는 오늘보다 나은 내일, 내일보다 더 나은 미래를 창조할 것이라고 확신하며 살아간다. 나만의 백과사전은 나뿐만 아니라 우리 주변과 우리의 모든 가정과 조직, 사회에서 활용될 것이라고 믿는다. 내가 만든 백과사전대로 살아간다면 나뿐만 아니라 주변에도 도움이 될 것이다.

가정에서도 "우리 엄마가, 우리 아빠가 이런 분이구나", 조직에서도 "같이 일하는 사람이 이런 사람이구나"라는 생각을 하게 될 것이다. 고객에게도 나 자신을 알리면 훨씬 소통도 쉬워지고, 응원과 조력이 수월해질 것이다. 서로에게 협력의 지혜와 관계의 질이 높아질 것이라고 기대한다.

내 인생의 기록이자, 발전과 미래의 선물

나만의 백과사전을 삶의 목표와 감정의 변화를 반영해서 해마다 새롭게 만들어 낸다면 어떨까? 나는 어떤 과정을 통해 어떤 사람으로 성장하고 있는지를 알게 됨으로써 미래를 예측할 수 있다고 생각한다. 과연 사람은 나이가 들어가면서 무엇을 배우고 어떤 경험으로 성장하는가? 그 과정이 역사이자 발전이고 미래의 선물일 수 있다는 것이 매우 큰 설렘으로 다가오고 기대된다.

가장 지혜로운 내 삶의 방식

새해가 되면 많은 책이 한해를 예측하고 방향을 제시하면서 우리들의 삶에 큰 도움을 준다. 새해에 나만의 백과사전은 어떻게 쓰게 될까? 자신만의 방향을 설정하고 어떤 혼란 속에서도 지혜롭게 살아가는 자신만의 비법이 적혀있는 사전이 될 것이라고 기대한다. 내가 만든 나만의 백과사전으로 자신을 알아가고 삶의 방향을 설정해보자. 급격히 변화하는 이 시대를 지혜롭고 자신에 맞는 삶으로 살아간다면 이 이상 더 좋은 삶의 방식은 없을 것이다.

함께 참여해주신 원우님들께 "서로의 에너지를 나누고 동기부여를 하는 기회를 만들어주셔서 감사의 말씀과 희망을 전합니다"라고 말씀드리고 싶다.

하루를 설렘으로 시작, 감사로 결실을 만드는

대표 저자 **이태성**

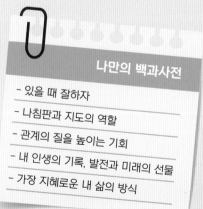

나만의 백과사전

- 있을 때 잘하자
- 나침판과 지도의 역할
- 관계의 질을 높이는 기회
- 내 인생의 기록, 발전과 미래의 선물
- 가장 지혜로운 내 삶의 방식

격려의 글

　자기 성찰이야말로 우리 장래 인생을 결정하는 가장 큰 디딤돌일 것입니다. 내가 언제 행복했는지를 잘 성찰한다면 장래의 모든 순간을 행복한 순간으로 채울 수 있는 마법을 부릴 수 있을 것입니다. 모든 분이 언제나 행복해지는 멋진 마법이 이루어지길 바랍니다.

수원지방법원 평택지원장 **박영호** 부장판사

　대전 카네기 원우님 반갑습니다. 우리는 살면서 수많은 사람과 만나고 헤어지면서 소중한 인연을 맺으며 살아가고 있습니다. 그 가운데 평생을 함께해야 할 사람이 분명 존재하고 있습니다. 그 사람은 나에게 꼭 필요한 사람으로 하늘이 보내준 인연입니다. 우리는 사람의 인연에 대해 다시 한번 깊이 생각을 해봐야 합니다.

서울문화예술원 원장 **최호현** 교수

이태성 지사장님께서는 삶의 철학으로 코칭스쿨을 운영하십니다. 저는 살면서 지금까지 이런 긍정의 애살로 남녀노소 불문하고 타인의 성장에 관심을 가지며 면면히 해나가는 분은 일찍이 보지 못했습니다. 블로그의 글을 볼 때마다 이런 열정과 어울림은 도대체 어디서 나오는지 항상 질문을 던지며 읽게 됩니다. 나이를 모르고 사시는 훌륭한 모습을 본받고 싶답니다. 늘 응원하겠습니다.

'블로그로 전자책 쓰기' 코치 **신상대** 대표

작은 행동이 큰 차이를 만듭니다. 작은 습관들이 쌓여 큰 성장을 만들며, 진실한 한 사람의 마음을 통해 세상과 연결됩니다. 타인에게 애정과 관심을 두고 격려해주면서 사는 삶은 결국은 자기 자신의 성장도 돕습니다. 타인에게 관심과 애정이 없는 것은 나에게도 관심이 없는 것일 수 있습니다.

'세상에서 가장 쉬운 스마트폰' 강사 **이영주** 작가

아낀다는 것은 소중히 여긴다는 뜻이 있지요. 제가 좋아하는 문구로 응원의 말을 대신합니다. "치인사천(治人事天), 막약색(莫若嗇), 사람을 다스리고 하늘을 섬김에 있어서 아끼는 것만큼 좋은 것이 없다."

데일 카네기 서울 74기 여성위원장 **강명옥** 대표

내 삶의 철학이 있다는 것은 멋진 삶입니다. 또한, 그 철학을 실천하고 산다면 더없이 행복한 인생인 것 같습니다. 이태성 대표님이 그러합니다. 8가지 삶의 철학으로 "있을 때 잘하자"를 실천하기 위해 자신에게는 '설시감결(선물 같은 하루를 설렘으로 시작하고 감사로 결실을 만들어 가고)'과 타인에게는 "남에게 선을 행하는 것이 자기 자신에게 최선을 다하는 것이고 후회 없이 사는 지혜다"라는 삶의 실천을 몸소 보여주며 계시는 분입니다. 어른이, 진정한 리더가 많지 않은 시대에 바른 어른으로, 리더로 살아가고자 노력하시는 모습 또한 아름답습니다. 대전 데일 카네기를 통해 그 향기가 선하게 퍼져 나가기를 기원합니다. 함께 하시는 분들 또한 이와 같은 삶, 인생을 살아갈 것이라고 생각하며 축복합니다.

서동유치원 **구양숙** 원장

타인의 성장을 돕는다는 것이 결국은 나 자신을 성장시키는 일이기도 합니다. 현실에 안주하지 않고 더 나은 미래를 창조하며 발전하는 이 프로그램이 너무 좋습니다. 타인의 성장을 돕는다는 것! 함께 가치를 만들어 낸다는 것! 어찌 보면 쉽고도 어려울 수 있는데 늘 현장에서 솔선수범하며 선한 영향력을 베푸시는 이태성 박사님을 응원합니다.

'좌충우돌 수제맥주 만들기' **조율이** 작가

덴마크의 철학자 쇠렌 키르케고르(Sören Kierkegaard)는 "행복의 90%는 인간관계에 달려 있다"라고 말했습니다. 실제로 하버드 대학 연구팀이 75년 동안의 연구 끝에 인간을 행복하게 만드는 것은 다른 것이 아니라 바로 좋은 인간관계, 친밀한 인간관계를 얼마나 많이 만들어 가는 사람인가에 달려 있다는 사실을 밝혀냈습니다. 그런데 좋은 인간관계란 어떻게 가능할까요? 그것은 주위 사람들에게 격려와 도움을 주며 타인의 성장을 도우려고 할 때 자연스럽게 생겨나는 것이라고 생각합니다. 바라기는 이런 삶을 통해 여러분 모두 참된 행복을 누리게 되시기 바랍니다.

'알콩달콩 인생 여행' 진행 **정원범** 교수

사유와 성찰을 통해 나만의 백과사전을 써내려가는 작업은 원석을 깎아 보석으로 빛나게 하는 값진 시간일 것입니다. 지혜로운 질문으로 마침내 자신을 발견하고 무엇과도 비교할 수 없는 자신만의 강점을 발굴해내시기를 응원하겠습니다.

'한국메타버스강사협회' 협회장 **윤숙희** 회장

《나만의 백과사전》이 행복하고, 힘이 들 때, 무엇을 좋아하고, 싫어하는지에 대해서 원하는 삶의 미래를 창조할 것입니다. 살아가는 원동력이 될 이 프로그램을 응원합니다. 파이팅입니다.

건양대학교 예방의학교실 선임연구원 **손기연** 박사

《나만의 백과사전》을 만들어 가는 카네기 원우님들의 성장을 축하합니다. 성장이란 단어는 우리를 설레게 합니다. 하지만 보이지 않는 미지의 세계로 나가게 하는 문과 같아서 일단 열기로 작정하면 생각보다 쉽게 열린답니다. 단 성장의 문을 여는 열쇠가 필요하지요. "고맙습니다, 감사합니다, 당신 덕분입니다, 사랑합니다, 부탁해도 될까요?, 무엇을 도와드릴까요?, 부듯합니다" 등. 이 간단한 한마디 말들이 나의 성장은 물론 내 주변 사람들의 성장을 끌어낸답니다.

'알콩달콩 인생 여행' **김난예** 교수

손자의 재롱을 보실 연세에도 인생의 값진 의미를 보여주고 전달하기 위해 끊임없이 노력하는 모습이 아름답습니다. 긍정적인 한 사람을 통해 속한 이웃이 밝아지는 그 보람으로 날마다 값진 행복을 이뤄가시길 축복합니다.

벨루체합창단 **계춘옥**

빨리 가려면 혼자 가고, 멀리 가려면 함께 가라고 하지요. 좋은 사람과 교류하면서 얻는 에너지는 세상의 어떤 에너지보다 강력합니다. 나와 타인의 성장을 통해 멋진 인생을 펼쳐보세요.

프리랜서 강사 **최은경**

카네기를 통해 새롭게 태어난 여러분들을 응원합니다. 앎에는 책임이 따릅니다. 알고 행하지 않으면 불편한 마음이 드니까요. 카네기에서 깨달음을 얻고 실천을 통해 모두 행복하시기를요.

리딩정원 **변은주** 작가

누군가가 나를 통해 성장하고 있다는 말을 들을 때 행복을 느낍니다. 내가 알고 있는 어떤 지식이나 노하우를 나눌 때, 행복합니다. 예수, 공자, 정약용, 구본형 등 제가 멘토로 삼고 있는 분들의 공통점은 제자양성에 힘쓴 것이라는 것을 깨닫고 저는 영어, 중국어 등 5개국어를 배우면서 가르칠 수 있는 시스템을 만들었습니다. 글로벌 리더의 자질을 키워가는 '#영어중국어날개만들기, #낭독대한민국'을 운행하면서 보람을 느끼고 있습니다. 제가 원하는 삶은 함께 성장하는 동반성장을 꿈꾸고 있습니다. 미래를 창조하는 여러분의 삶을 응원합니다.

E&C교육문화연구소 운영자 **김순희** 대표

도전은 끊임없이 자신의 잠재능력을 찾을 수 있는 출발선입니다. 뚜렷하게 목표를 설정해두고 스스로 기회를 주는 삶! 아름다운 무대가 자신을 향해 기다립니다.

'당당한 사치' **박주은** 작가

실수했을 때 자책하지 않는 법을 배우세요. 이렇게 실수에 열린 마음을 갖게 되면 결과적으로 더 많이 배우고, 더 빨리 배우며, 더 행복해질 것입니다.

대전 사랑의 밥차 운영자 **이명희** 회장

"나의 귀중한 가치를 발휘하고 타인에게 영감을 불어넣어 가정과 조직 그리고 사회의 발전을 주도하며 삶을 긍정적이고 적극적으로 살아 멋지게 세상을 리드한다"라는 카네기의 신조를 다시금 생각하며 이태성 지사장님의 열정을 응원합니다. 지사장님의 리더십을 본받고 싶습니다. 저도 데일 카네기 안양 출신입니다. 카네기의 선한 영향력을 세상에 전파하겠습니다.

사단법인 대한사상체질협회 **장석근** 이사장

먼저 이태성 지사장님께 감사의 말씀을 드립니다. 항상 사람을 편안하고 온화하게 대해주시니 고맙습니다. 저는 남의 어려움을 나의 경험과 지혜로 해결했을 때, 그 후 상대방이 행복해 할 때가 저도 가장 행복합니다. 모든 사람이 행복하게 살아가기를 간절히 기원합니다.

GH코리아 중광 **김해곤** 대표이사

태어날 때 가지고 있는 역량을 최대한의 가치를 발휘할 수 있도록 늘 배우며 섬기고자 하는 나는 또 다른 나인 이기적인 자아와 싸움을 했습니다. 그 싸움에서 데일 카네기의 《인간관계론》을 읽은 것은 내면과 외면적인 인간 성숙을 이루기 위한 나침판이 되었습니다. 그 지침서의 이론이 체질화되기 위한 삶의 과정에서 만나는 많은 분이 실제 스승입니다. 나를 변화시킬 기회이기에 나보다는 상대방을 높이고 존중합니다. 특히 상대방의 장점을 보는 눈을 가진다면 나의 가정 내가 몸담은 조직, 이 사회가 더욱 행복할 것이라 믿습니다. 이번 이태성 지사장님의 《나만의 백과사전》 집필을 힘차게 응원하며 멋진 책으로 태어나길 기대합니다. 귀하신 이태성 지사장님 칭찬은 두 배, 세 배의 행복으로 넘어왔습니다. 감사드립니다.

꿈을 파는 **정한나** 작가

차례

01

이태성의 백과사전

있을 때 잘하자

- 공부한 내용

홍익대학교 경영학과

성균관대학교 경영학 석사(인사조직 전공)

LA YUIN 대학 인재개발학 명예박사

데일 카네기 퍼블릭 과정

데일 카네기 최고경영자 과정 63기 등 10회

데일 카네기 HIP 과정

서울대, 연세대, 고려대, 한양대 등 최고위 과정 30여 개 수료

- 현재 하는 일

데일 카네기 리더십 대전세종충청지사장

세종건강증진연구소 소장

대전부모학교 교장

내 삶의 철학 코칭스쿨 대표

- 수상

법무부 장관상 : 청소년 선도 공로

과학기술부 장관상 : 연구개발 기여 공로

한국평화언론 대상 신지식인 상 / 창조 경영인 대상 등

- 자기계발, 봉사한 일

프랑스 론와인 기사단 기사 작위

손정의 리더십포럼 부회장

강남관광컨텐츠협동조합 포럼위원장

서울도슨트협회 수석부회장

법무부 서울중앙지역연합회 법사랑위원

- 출판, 저서

《성공하려면 비워라 즐겨라 미쳐라》 공저, 행복에너지

《백만장자 지도》 감역, 매경출판

《일류가 되기 위한 컨디션 조절습관》 감역, 매일경제신문사

《강사들의 내 책 쓰기》 공저, 일일사

《대한민국의 학생과 교사, 아프리카에서 새 희망을 찾다》 감수, 한국경제신문i

《인생 언제나 인간관계-카네기 인간 관계론》 공저, 한국경제신문i

《진정한 나의 일을 찾아서》 감수, 매일경제신문사 등

- 신문, 방송

<25년 세탁기 사례>, 조선일보, 중앙일보, 동아일보 등 40개 신문에 게재

KBS TV <세상체험>, 아빠와 함께 프로특집 방영

광주교통방송 <주말이 좋다>, '내 삶의 철학' 10주간 진행

안양신문 '내 삶의 철학' 140회 연재 등

- 강의 경력

초·중·고등학교, 대학교, 전국 교육청 등 400여 회 강의

Q01 내가 좋아하는 일은 무엇인가?

타인을 성장시키는 것이다. 내 능력을 활용해서 타인의 삶을 성장하게 하고 윤택하게 하는 것을 너무나 좋아한다.

Q02 내가 좋아하는 음식 3가지와 이유는?

① 생선초밥 : 가벼우면서도 영양가가 있고 함께하면 품격도 느낄 수 있음.
② 와인과 막걸리 : 가볍게 음주할 수 있고, 건강에 좋은 음료니까
③ 청국장 : 건강에 좋으니까

Q03 내가 싫어하는 일은?

① 남에게 부탁하기
② 정리하기

Q04 내가 가보고 싶은 여행지와 이유는?

아직은 가보고 싶은 곳은 없다. 마음에 여유가 있다면 유럽과 대한민국 명승지를 다녀보고 싶다.

Q05 내가 좋아하는 단어 10가지는?

나답게 살기, 타인성장, 배려, 존중, 품격, 격려, 설시감결, 미소, 타산지석, 역지사지

Q06 내가 좋아하는 애장품과 그 이유는?

아들 유치원 때 신은 신발 : 자녀의 미래를 생각하고 준비하는 부모의 모습은 언제 어디서나 자부심을 느끼게 한다.

Q07 나의 강점 3가지는 무엇인가?

① 친화력 : 누구를 만나도 10년 된 것처럼
② 포용 : 성숙되어가는 증거로 어른답게 평화로운 삶을 위해서
③ 초긍정 : 어떤 상황일지라도 해법을 찾아가는 마음

Q08 나의 건강 루틴은 무엇인가?

① 설시감결(하루를 설렘으로 시작, 감사로 결실을 만들기)
② 아침저녁 스트레칭 : 도리도리, 허리운동, 발차기
③ 맨발 걷기

Q09 나의 관계 루틴은 무엇인가?
즉, 사람 관계를 맺는 나만의 철학은 무엇인가?

먼저 사람을 만나면 "내가 그 사람에게 무엇을 도와주면 좋을까?" 하고 생각한다. 다음은 서로 상생할 수 있는 방안을 모색한다.

Q10 나의 약점 2가지는 무엇인가?

① 부탁하는 일을 잘못한다는 점이다.
② 게으름이다. 특히 정리정돈을 잘하지 못한다. 우선순위에서 항상 후순위이기 때문이다. 몸을 항상 우선하니까.

Q11 나의 자랑스러운 습관 2가지는 무엇인가?

① 무조건 주는 것을 좋아 한다.
② 받는 것을 좋아한다. 서로의 관계를 이어가는 가장 좋은 방법이다.

Q12 내가 꼭 보완하고 싶은 습관 2가지가 있다면 무엇인가?

① 어떤 경우라도 건강을 돌보는 습관
② 경제와 관계 균형을 가져가는 습관

Q13 내가 생각하는 행복의 정의는 무엇이고,
나는 어떨 때 행복한가?

나는 내가 원하는 것을 얻을 때가 행복하고, 특히 좋은 사람
과 식사할 때가 너무 행복하다.

Q14 내 삶의 애로사항 2가지만 표현한다면?

① 하고 싶은 일은 많은데 건강이 염려되어 스피드를 못 낼 때
② 어려운 사람에게 큰 도움을 주고 싶을 때 여건이 안 되
　 어 마음 아플 때

Q15 나를 한마디로 소개한다면?

타인의 성장을 도와주고 함께 성장하는 사람

Q16 내가 원하는 삶의 모습은 어떤 모습일까?

나의 능력을 활용해서 남의 성장을 돕고, 그 성장을 지켜보
면서 행복을 느끼는 모습이다. 나로 인해 성장한 사람이 와
서 밥 먹자고 할 때 너무나 행복하다.

Q17 80살 때의 내 모습은?

나의 경험을 글로 쓰면서, 나의 경험을 강연하고, 나의 도움이 필요한 사람을 적극적으로 돕는 모습일 것이다. 나이를 떠나 젊은 세대부터 나이 든 세대까지, 80살에도 당연히 일할 생각이다.

Q18 《나만의 백과사전》이 나온다면 느낌이 어떨지, 어디에 활용할 것인지?

나의 현주소를 알게 되니 너무나 좋고, 향후 변해가는 나의 모습과 어떻게 성장할 것인지 방향을 정할 수 있을 것이다.
- 느낌 : 나의 매뉴얼을 만든다는 생각에 흐뭇하다.
- 활용 : 주기적으로 업데이트한다면 나의 모든 삶과 기록으로 성장을 위한 발판이 될 것이다.

Q19 나를 살리는 펩톡, 2023년에 활용할 펩톡은?

① 나는 긍정으로 타인성장을 돕는 사람이다.
② 나의 건강을 위한 루틴을 지속한다.
③ 하루를 설렘으로 시작, 감사로 마무리한다.

Q20 지금까지 하루를 설렘으로 시작, 감사로 결실 만드는 삶을 실천하면서 자신만의 소감과 자신에게 해줄 칭찬은?

설시감결 1350일 차가 넘었다. 무엇보다 감사일기를 습관화하는 것은 매우 삶에 도움이 된다는 것을 느꼈다.

이태성에게는 "참으로 잘했다"라고 칭찬하겠다. 그리고 "말하면 실천하는 사람이야"라고 말해주겠다.

나를 힘나게 한 기록

02

송정화의 백과사전

물 흐르듯 순리대로 살자

- 공부한 내용

배재대학교 국제통상대학원 석사(행정학)

데일 카네기 과정 6기, 2000

데일 카네기 리더십 과정, 2001

데일 카네기 최고경영자 과정, 2002

데일 카네기 Presentations, 2003

데일 카네기 Sales Course, 2007

평생교육사, 사회복지사, 독서지도사, 프레디저 진로지도사,

진로 인성지도 상담사, 꿈알 인성교육

- 현재 하는 일

충남도립대학교 뷰티과 부설 PI(Personal Identity)이미지연구소 연구원

청주공예문화협동조합 교육이사

(사)인생디자인 네트워크 교육이사(독서코칭 진행 리더)

데일 카네기 코리아 카네기 코스, HIP 코스 전문교수

대학 외래교수

기업체 인성과 대인관계, 커뮤니케이션, 리더십 강의

자기계발 및 동기 부여가로 활동

- 자기계발, 봉사한 일

청주시문화원 오케스트라 단원,

공예문화예술 작가로 나눔과 봉사 실천

- 출판, 저서

《인생 언제나 인간관계》 공저, 한국경제신문i, 2019

《병원 서비스 코디네이터》 공저, 2008

- 강의 경력

한국YMCA연맹 청주 YMCA 정간사

충북지방검찰청 수사시민위원

국방부 병영 독서코칭 전문강사

여성정치세력 연대 운영위원

노사재단 일터혁신 중소기업대표 및 임원코칭 전문교수

Q01 내가 좋아하는 일은 무엇인가?

배우고 가르치는 일로 성장하는(교학상장) 가치가 있는 일이다. 의미 있는 시간을 보낼 수 있고, 보람과 감동을 주고받을 수 있어서 좋다.

Q02 내가 좋아하는 음식 3가지와 이유는?

① 삼겹살 : 여럿이 함께 먹을 수 있고, 식욕을 자극하는 냄새가 좋다. 언제든 비교적 쉽게 먹을 수 있어서 좋다.
② 옥수수 : 뜯어먹는 재미, 구수한 특유 냄새, 식사로 대체 가능하다는 장점이 있어서 좋다.
③ 포도 : 알맹이를 빼먹는 재미, 달콤새콤한 맛과 신선함이 좋다.

Q03 내가 싫어하는 일은?

약속을 지키지 않는 것과 가볍게 행동하는 것

Q04 내가 가보고 싶은 여행지와 이유는?

캐나다 밴쿠버 : 애비뉴 공원묘지의 추억 속에 살아있는 사랑하는 사람이 보고 싶어서 가고 싶다.

Q05 내가 좋아하는 단어 10가지는?

여운, 감동, 의리, 성장, 가치, 신념, 의미, 역 동, 균형, 조화, 순리, 관계, 선물, 스며들다

Q06 내가 좋아하는 애장품과 그 이유는?

33년 소장한 피아노 : 이 피아노를 사주시기 위해 공사장 막 노동을 하셨다. 뭐든 해주고 싶어 하는 엄마의 마음을 느낄 수 있어서 좋다. 마음이 편안할 때도, 복잡할 때도 몇 시간 을 몰입할 수 있게 만들어 주어서 좋다.

Q07 나의 강점 3가지는 무엇인가?

① 열정 ② 끈기 ③ 인내

Q08 나의 건강 루틴은 무엇인가?

① 맨발 걷기 ② 산책하기
③ 매일 영양제 챙겨 먹기(종합영양제, 효소 비타민)

Q09 나의 관계 루틴은 무엇인가?
즉, 사람 관계를 맺는 나만의 철학은 무엇인가?

서로 부담을 주지 않는 편안한 관계를 추구한다. 생각이 나 고, 보고 싶은 여운이 남는 관계를 맺는다.

Q10 나의 약점 2가지는 무엇인가?

① 감성이 풍부하고 민감함, 감정의 불편함을 드러냄
② 안전지대 : 편안함을 추구

Q11 나의 자랑스러운 습관 2가지는 무엇인가?

① 신중함 : 쉽게 판단하지 않고, 가볍게 행동하지 않는다.
② 약속에 대한 책임감 : 약속한 것에 대한 언행일치, 약속
   을 잘 지킨다.

Q12 내가 꼭 보완하고 싶은 습관 2가지가 있다면 무엇인가?

① 세 끼 식사 챙겨 먹기 : 대충 끼니를 넘기려는 식습관을
   보완하고 싶다.
② 버리기 : 모아서 쌓아놓지 말고, 그때그때 버리기

Q13 내가 생각하는 행복의 정의는 무엇이고,
      나는 어떨 때 행복한가?

① 행복이란? : 내 삶의 에너지 원천이자 원동력이다.
② 어떨 때 행복한가? : 자신과의 약속을 지켜낼 때, 내가
   있는 곳에 웃음소리가 끊이지 않을 때, 소소한 감동이
   마음으로 느껴질 때 행복하다.

Q14 내 삶의 애로사항 2가지만 표현한다면?

① 창의적인 업무 능력 부족
② 추진력, 배짱 부족

Q15 나를 한마디로 소개한다면?

나는 한결같은 사람이다.

Q16 내가 원하는 삶의 모습은 어떤 모습일까?

죽음이 두렵지 않은 삶

Q17 80살 때의 내 모습은?

문화예술인으로 꾸준히 활동하는 작가의 모습

Q18 《나만의 백과사전》이 나온다면 느낌이 어떨지, 어디에 활용할 것인지?

현재의 백과사전에 나를 규정짓지 않고, 내가 원하는 삶의 방향대로 장기적으로 발전시켜 나가고 싶다.

Q19 나를 살리는 펩톡, 2023년에 활용할 펩톡은?

① 오늘도, 오늘만 잘 살아보자.
② 어떻게 관계로 성장할까?

Q20 지금까지 하루를 설렘으로 시작, 감사로 결실 만드는 삶을 실천하면서 자신만의 소감과 자신에게 해줄 칭찬은?

감사와 설렘은 나를 겸손하게 하고, 미래에 희망을 가지게 한다.

나를 힘나게 한 기록

박옥남의 백과사전

의미 있는 삶

- 공부한 내용

한국교원대학교 정책전문대학원 박사(교육학)

데일 카네기 최고경영자 과정 대전 34기, 36기 등 7회

데일 카네기 HIP 과정 3회

- 현재 하는 일

세종특별자치시 교육청 장학사

데일 카네기 리더십 전문교수

- 논술, 출판, 저서

〈학생정신건강 스티그마 연구〉외 3편

〈비만 학생 사회성 연구〉

《아프리카에서 새 희망을 찾다》공저, 한국경제신문i, 2018

《인생 언제나 인간관계》공저, 한국경제신문i, 2019

《교직 교육학 논술》공저, 교육과학사, 2020

《간호사 면접》공저, 사이버북스, 2021

《우리들의 교육 수다》공저, 선두, 2022

- 강의 경력

강원도 교육청 장학사

가천대학교 간호학과 겸임교수

중앙대학교 간호대학 강사

Q01 내가 좋아하는 일은 무엇인가?

좋아하는 사람들과 함께 책을 읽고 토론하며 글을 쓰는 일을 좋아한다.

Q02 내가 좋아하는 음식 3가지와 이유는?

① 김밥 : 모든 영양소 골고루 들어가서 간편히 먹을 수 있어 좋다.

② 수박 : 편안하게 시원하게 물 대신 먹을 수 있다.

③ 물 : 출근해서부터 퇴근까지 하루종일 건강을 위해 의도적으로 마신다.

Q03 내가 싫어하는 일은?

사전에 약속하거나 말을 하고, 지키지 않고 실천하지 않아 신뢰를 깨뜨리는 일

Q04 내가 가보고 싶은 여행지와 이유는?

미국 : 학업을 하는 젊은 시절이라면 유학 가서 공부하고 싶은 곳

Q05 내가 좋아하는 단어 10가지는?

신뢰, 책임, 성장, 영향력, 교육, 의미, 겸손, 열정, 긍정, 균형

Q06 내가 좋아하는 애장품과 그 이유는?

내가 쓴 책 : 나를 표현해준 삶과 철학들이 들어가 있어서 좋아한다.

Q07 나의 강점 3가지는 무엇인가?

① 매사 긍정 : 되는 방향으로 생각하고 일을 실천한다.
② 실행력 : 하기로 한 것은 마무리까지 한다.
③ 글쓰기 : 삶의 의미 있는 시간을 글로 남기기 위해 매년 글을 쓴다.

Q08 나의 건강 루틴은 무엇인가?

① 운동(헬스, 요가, 걷기) ② 소식 ③ 긍정, 감사하며 살기

Q09 나의 관계 루틴은 무엇인가?
즉, 사람 관계를 맺는 나만의 철학은 무엇인가?

상대방의 좋은 점을 발견해서 칭찬한다. 관계가 좀 더 발전하면 상대방 성장을 위해 노력한다.

Q10 나의 약점 2가지는 무엇인가?

① 다소 빠르다. : 남들보다 빠르다 보니 상대방이 불편할 수 있고, 안 해도 될 일을 하는 경우가 있다.

② 하고 싶은 일이 많다. : 시간과 에너지의 한계가 있는데 하고 싶은 일이 많아서 매번 바쁘게 살다 보니 건강을 해치거나 주변 사람들이 힘들 수도 있다는 생각을 한다.

Q11 나의 자랑스러운 습관 2가지는 무엇인가?

① 아침 운동 : 25년간 매일 실천해왔다.

② 글쓰기 : 글쓰기를 습관화하다 보니 1년에 한 권씩 책을 내고 있다.

Q12 내가 꼭 보완하고 싶은 습관 2가지가 있다면 무엇인가?

① 간식 줄이기 : 과식하지 않고 간식 안 먹기를 실천하나, 간식이 있으면 참지 못하고 먹는 습관 줄여야겠다.

② 독서 : 시간이 날 때마다 책 읽기를 습관을 더 보완해야겠다.

Q13 내가 생각하는 행복의 정의는 무엇이고,
나는 어떨 때 행복한가?

① 행복이란? : 지금 내가 하는 일과 함께하는 사람들과의
모든 삶

② 어떨 때 행복한가? : 지금 하는 일과 함께하는 사람들과
의미 있고 가치 있는 일들을 할 때 행복하다.

Q14 내 삶의 애로사항 2가지만 표현한다면?

① 하고 싶은 일들이 너무 많다.
② 의사결정을 혼자 해야 할 상황이 많다.

Q15 나를 한마디로 소개한다면?

나는 타인을 성장시키는 교육자다.

Q16 내가 원하는 삶의 모습은 어떤 모습일까?

좋아하는 사람들과 성장과 배움을 함께하며 더 나은 삶을
꿈꾸는 모습

Q17 80살 때의 내 모습은?

그동안 내가 터득하고 배운 지식들을 공유하고 나눠줄 수
있는 강의와 글을 쓰며 보내는 삶

Q18 《나만의 백과사전》이 나온다면 느낌이 어떨지,
어디에 활용할 것인지?

나 자신에 대한 메타인지가 좀 더 명료해지고, 향후 어떻게
살아가야 할지 생각할 수 있는 지도라고 생각한다.

Q19 나를 살리는 펩톡, 2023년에 활용할 펩톡은?

① 나는 남과 함께 성장하는 리더다. 그들과 매일 성장하니까.
② 나는 끝까지 최선을 다하는 사람이다. 하기로 한 목표를
   달성하니까.

Q20 지금까지 하루를 설렘으로 시작, 감사로 결실 만드는 삶
을 실천하면서 자신만의 소감과 자신에게 해줄 칭찬은?

① 소감 : 2년을 감사일기를 쓰면서 아침이 즐겁고 하루하
   루를 감사하는 마음으로 살아가게 되었다. 좋아하는 사
   람들과 의미 있는 하루를 살아가다 보니 매일매일 행복
   하다.
② 칭찬 : 나는 신뢰가 깊고, 운이 좋은 사람이다. 남과 함께
   성장하기를 좋아하며, 어떤 일이든 끝까지 최선을 다하
   는 사람으로 나를 칭찬해주고 싶다.

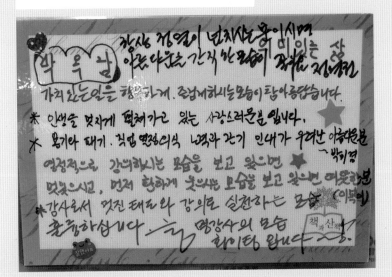

윤정자의 백과사전

설렘으로 감사하는 삶

- 공부한 내용

충북대 아동복지학과 박사 과정 수료(가족상담 전공)

데일 카네기 최고경영자 과정 대전 35기

데일 카네기 HIP 과정

- 현재 하는 일

청주시청소년상담복지센터 센터장

데일 카네기 리더십 과정 전문교수

청주중앙순복음교회 권사

- 자기계발, 자격증

사회복지사

청소년지도사

MBTI 일반강사

에니어그램 강사

Q01 내가 좋아하는 일은 무엇인가?

배움을 통한 성장 : 새로운 것을 배우고 그것을 실천하며 성장하는 것을 좋아한다. 나에게도 적용되지만, 타인의 배움과 성장을 돕는 일도 좋아한다.

Q02 내가 좋아하는 음식 3가지와 이유는?

① 김치(김치찌개, 김치전) : 신김치의 상큼한 맛을 좋아한다. 고기가 들어가면 더 맛있다.
② 계란(계란찜, 계란말이, 계란프라이) : 쉽게 단백질을 보충할 수 있다.
③ 과일(참외, 수박, 바나나, 제철과일) : 시원하고 달콤하다.
④ 매일 커피 한 잔과 가끔 고기, 국수, 빵, 고구마, 감자, 옥수수, 음식, 매운 것 빼고 다 잘 먹는다.

Q03 내가 싫어하는 일은?

어떤 일의 종류보다는 내가 이해되지 않고 마음이 가지 않는 일을 해야 할 때 하기 싫어진다. 비합리적이고, 무조건 강요받는 일, 가치에 위배되는 일을 싫어하는데, 현재 이런 일은 거의 없다.

Q04 내가 가보고 싶은 여행지와 이유는?

① 미국의 괌 : 에메랄드빛 바다, 아름다운 자연환경
② 호주 : 푸른 자연과 여유를 즐기고 싶어서 가보고 싶다.
③ 울릉도, 독도 : 과거에 날씨 때문에 다시 돌아와야 해서
　아쉬웠다.
④ 국내, 국외 여행은 어디든 좋다.

Q05 내가 좋아하는 단어 10가지는?

나를 대표하는 단어 : 감사
내가 좋아하는 단어 : 믿음, 사랑, 기쁨, 설렘, 긍정, 행복,
열정, 함께, 성장, 비전

Q06 내가 좋아하는 애장품과 그 이유는?

성경책 : 내 삶의 지침

Q07 나의 강점 3가지는 무엇인가?

① 믿음이 있다. : 긍정과 부정의 다양한 일들 속에서도 믿
　음 안에서 합력해서 선을 이룬다는 생각으로 감사와 긍
　정으로 살아간다.
② 강점성장관점으로 바라본다. : 나와 타인을 강점관점으
　로 바라보고 성장을 위해 노력한다.
③ 긍정적 지지자원이 있다. : 나를 응원해주고 함께해주는
　가족과 멘토와 동료들이 있다.

Q08 나의 건강 루틴은 무엇인가?

① 규칙적인 식사, 수면, 영양제
② 주 2회 정도 운동
③ 긍정과 감사의 마음

Q09 나의 관계 루틴은 무엇인가?
즉, 사람 관계를 맺는 나만의 철학은 무엇인가?

① 다양성과 차이를 인정한다.
② 강점성장관점으로 바라본다.
③ 함께한다.

Q10 나의 약점 2가지는 무엇인가?

① 일을 많이 만든다. ② 생각이 많다.

Q11 나의 자랑스러운 습관 2가지는 무엇인가?

① 규칙적인 식사습관 ② 매일의 감사설렘 작성

Q12 내가 꼭 보완하고 싶은 습관 2가지가 있다면 무엇인가?

① 지속적이고 규칙적인 운동습관 가지기
② 꾸준한 독서와 글쓰기 습관 가지기

Q13 내가 생각하는 행복의 정의는 무엇이고,
나는 어떨 때 행복한가?

① 행복이란? : 하루하루의 삶 속에서 감사하며 살아가는
것이라고 생각한다.

② 어떨 때 행복한가? : 좋은 사람과 차 마시며 대화할 때,
좋은 책을 읽을 때, 나와 다른 사람이 성장하고 있음을
느낄 때 행복하다.

Q14 내 삶의 애로사항 2가지만 표현한다면?

내 삶의 애로사항이라고 할 수 있는 것은 아니지만 굳이 살
펴보면, 나이가 들어감에 따라 체력이 떨어지고, 노안이 오
고 있다는 것이다.

Q15 나를 한마디로 소개한다면?

나는 하나님의 자녀이며 복 있는 사람

Q16 내가 원하는 삶의 모습은 어떤 모습일까?

나중에 하나님 앞에 갔을 때 "잘했다" 칭찬받는 삶이 되길
바란다. 그래서 주님이 주신 현재의 삶에 감사와 기쁨으로
나누며 살아가기를 원한다.

Q17 80살 때의 내 모습은?

사랑의 마음과 미소를 지닌 건강한 모습으로 상담과 강의를 통한 치유 사역을 하고 있을 것이다.

Q18 《나만의 백과사전》이 나온다면 느낌이 어떨지, 어디에 활용할 것인지?

① 느낌 : 현재의 나를 설명해주는 '나만의 백과사전' 이 하나의 기록으로 남는다는 것에 뿌듯하다.
② 활용 : 나의 기록과 역사로 간직할 수 있고, 가족이나 다른 사람들에게 나를 설명하며 함께 대화를 나눌 수도 있겠다.

Q19 나를 살리는 펩톡, 2023년에 활용할 펩톡은?

① 나는 복 있는 사람이다.
② 나는 복의 통로이다.
③ 나는 날마다 성장한다.

Q20 지금까지 하루를 설렘으로 시작, 감사로 결실 만드는 삶을 실천하면서 자신만의 소감과 자신에게 해줄 칭찬은?

"매일매일 설시감결하면서 감사와 기쁨으로 살아가는 모습이 멋있어! 잘하고 있어."

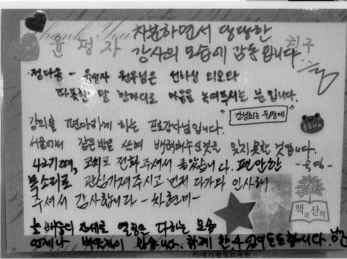

05
___

오숙영의 백과사전

건강하고 씩씩하게 지금을 사랑하자

- 공부한 내용

대전대학교 경영학 석사

아주대학교 정보통신학 석사

데일 카네기 최고경영자 과정 대전 35기, 41기

데일 카네기 HIP 과정

- 현재 하는 일

해군본부 소프트웨어개발 과장

평송청소년장학회 이사

데일 카네기 리더십 전문교수

- 수상

국무총리상 수상

국방부장관상 수상

Q01   내가 좋아하는 일은 무엇인가?

① 혼자 몰입해서 운동하기
② 악기 연주하기
③ 책 읽으며 새로운 것을 알아가기
④ 강의를 잘해서 박수받기

Q02   내가 좋아하는 음식 3가지와 이유는?

① 팥죽 : 어렸을 때 자주 먹던 엄마의 음식, 힘들 때 먹으면
   힘이 나는 힐링푸드다.
② 갈치조림 : 비린 맛이 없는 최고의 생선인 갈치를 싱싱한
   것으로 매콤하게 요리하면 정말 맛있다.
③ 간장게장 : 밥도둑이라는 별명처럼 양껏 먹게 해주니, 포
   만감을 주는 행복한 음식이다.

Q03   내가 싫어하는 일은?

싫어하는 사람과 안 싫어하는 척 하며 밥 먹는 일

Q04 내가 가보고 싶은 여행지와 이유는?

① 몽골에서 말타기 : 더 나이 들기 전에 몽골에서 말을 타며 사막을 칭기즈칸이 되어 누벼보고 싶다.
② 산티아고 순례길 : 외국에서 고되게 걸어보고, 특별한 경험을 해보고 싶다.

Q05 내가 좋아하는 단어 10가지는?

봄, 개나리, 하늘, 미소, 여행, 성장, 책, 가족, 자연, 엄마

Q06 내가 좋아하는 애장품과 그 이유는?

클래식 기타 : 버스킹을 꿈꾸며 50살 넘어 큰마음 먹고 장만한 악기다.

Q07 나의 강점 3가지는 무엇인가?

① 좋은 마음 : 역지사지로 항상 좋은 마음을 가지고 상대를 대한다.
② 성실 : 일과 가정에서 할 수 있는 최선을 다한다.
③ 노력 : 자만하지 않고 늘 더 좋은 성과, 좋은 사람이 되고자 노력한다.

Q08 나의 건강 루틴은 무엇인가?

① 새벽 수영

② 유기농 재료로 만든 몸에 좋은 음식을 잘 챙겨 먹는다.

③ 악기 연주 : 정신건강 최고다.

Q09 나의 관계 루틴은 무엇인가?
즉, 사람 관계를 맺는 나만의 철학은 무엇인가?

일과 관련한 상사, 동료, 후배들이 나와 같이 있으면 무조건
성장한다.

Q10 나의 약점 2가지는 무엇인가?

① 자존심이 세다. ② 혼자 속상해 한다.

Q11 나의 자랑스러운 습관 2가지는 무엇인가?

① 운동 ② 독서

Q12 내가 꼭 보완하고 싶은 습관 2가지가 있다면 무엇인가?

① 집안 정리정돈을 잘하기

② 가족들에게 예쁘게 이야기하기

Q13 내가 생각하는 행복의 정의는 무엇이고,
나는 어떨 때 행복한가?

날마다 자잘한 기쁨을 느끼며 조금씩 성장하는 것을 행복
이라고 생각하고, 나는 책장에 좋은 책이 쌓여갈 때 행복을
느낀다.

Q14 내 삶의 애로사항 2가지만 표현한다면?

① 나이 들어가는 부모님 걱정 ② 아이들의 진로 걱정

Q15 나를 한마디로 소개한다면?

노력하고 공부하며 아낌없이 후회없는 인생을 즐기는 숙영

Q16 내가 원하는 삶의 모습은 어떤 모습일까?

후회 없이 하고자 하는 것은 모두 배우고 도전하며, 사람들
을 도우며 행복하게 사는 모습이다.

Q17 80살 때의 내 모습은?

악기를 잘 연주하여 기쁘게 사람들과 생활하고, 배우며 건
강하게, 베풀며 산다.

Q18 《나만의 백과사전》이 나온다면 느낌이 어떨지, 어디에 활용할 것인지?

① 느낌 : '나'라는 사람이 어떤 사람인지 생각하고, 삶의 목표를 다시 세울 수 있는 계기
② 활용 : 기쁜 일, 슬픈 일이 있을 때 이렇게 멋진 사람이라고 자신감 가지기

Q19 나를 살리는 펩록, 2023년에 활용할 펩록은?

건강하고 씩씩하게 지금을 사랑하자.

Q20 지금까지 하루를 설렘으로 시작, 감사로 결실 만드는 삶을 실천하면서 자신만의 소감과 자신에게 해줄 칭찬은?

같이하면 쉽고 혼자 하면 멀리 가기 어렵다. 그러니 좋은 사람들과 같이하는 것이 중요하다.
"긍정의 마음으로 생활하려는 태도가 좋으니, 앞으로도 많이 많이 기대할게! 최고!"

나를 힘나게 한 기록

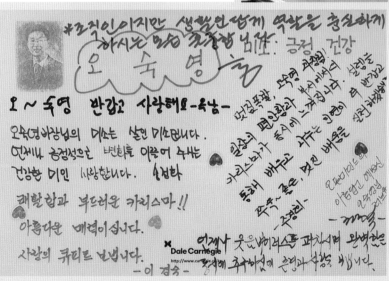

06

김용한의 백과사전

이 또한 지나가리라

- 공부한 내용

경상대학교 재료공학 학사

Vlerick 비지니스 스쿨 교육

데일 카네기 최고경영자 과정 대전 34기

- 현재 하는 일

베수비우스 한국지사장

- 수상

LTV Global 우수사원 수상 및 상금

Q01 내가 좋아하는 일은 무엇인가?

① 가족과 함께하고 아이들과 놀아주기
② 건강을 위해 조금씩 꾸준히 운동하기
③ 팀원들과 소통하며 대화하기
④ 책 읽으며 생각하고 배우기
⑤ 커피 한잔의 여유 즐기기
⑥ 부족함을 알고 성장을 위해 노력하기

Q02 내가 좋아하는 음식 3가지와 이유는?

① 커피 : 항상 물처럼 마실 수 있고 더운 여름에 시원하게
   즐길 수 있다.
② 빵 : 많이는 아니더라도 간편하게 먹기 좋고 어디서나 접
   근이 가능하다.
③ 고기 : 지인들과 식사 메뉴로 즐기기 좋고 체력을 위해서
   도 좋다.

Q03 내가 싫어하는 일은?

① 편을 가르고 팀워크를 방해하는 것
② 상대방에 해를 끼치는 것과 모함하는 것

Q04 내가 가보고 싶은 여행지와 이유는?

가족들과 제주도 여행 : 아이들과 함께 여행하기 좋을 것
같다.

Q05 내가 좋아하는 단어 10가지는?

섬김, 배려, 성장, 자존감, 코칭, 비비불, 팀워크, 함께, 가족,
친구

Q06 내가 좋아하는 애장품과 그 이유는?

초등학교 시절 작성한 일기장과 친구들로부터 받은 손편지
들 : 당시 추억들 떠올리고 생각을 읽을 수 있게 해준다.

Q07 나의 강점 3가지는 무엇인가?

① 팀원과 동료들을 빛나게 한다.
② 조용하지만 변화를 꿈꾼다.
③ 현실은 어렵지만 발전할 미래를 꿈꾼다.

Q08 나의 건강 루틴은 무엇인가?

① 틈틈이 간단한 스트레칭과 운동
② 단체 운동의 기회가 있을때 참여
③ 가급적 적당한 양으로 먹기
④ 주말은 아들과 놀아주며 운동하기
⑤ 자주 못 가더라도 아파트 헬스장 등록하기

Q09 나의 관계 루틴은 무엇인가?
즉, 사람 관계를 맺는 나만의 철학은 무엇인가?

① 만남의 소중함을 안다.
② 헐렁하지만 다양한 관계를 이어간다.
③ 가능하면 자주 연락한다.

Q10 나의 약점 2가지는 무엇인가?

① 우유부단하다는 것 ② 소심한 면이 있는 것

Q11 나의 자랑스러운 습관 2가지는 무엇인가?

① 체력을 유지하고 기르기 위한 꾸준한 운동
② 긍정 마인드

Q12 내가 꼭 보완하고 싶은 습관 2가지가 있다면 무엇인가?

① 하기로 한 일을 꾸준히 진행해서 끝까지 마무리하기
② 주변 사람들을 조금 더 적극적으로 챙겨주기

Q13 내가 생각하는 행복의 정의는 무엇이고,
나는 어떨 때 행복한가?

① 행복이란? : 모든 일이 잘 풀리기보다는 마음이 평안한 것
② 어떨 때 행복한가? : 모든 일에 감사하며 작은 일에도 즐
    거워하는 것

Q14 내 삶의 애로사항 2가지만 표현한다면?

너무 많지만 모두 나를 성장시키기 위한 발판으로 생각한다.

Q15 나를 한마디로 소개한다면?

매일매일 변화하고 성장하는 사람이다.

Q16 내가 원하는 삶의 모습은 어떤 모습일까?

날마다 배우고 성장하며 여러 가지 형태로 타인을 섬기는 것

Q17 80살 때의 내 모습은?

내가 있는 위치에서 받아왔던 도움을 나누고
이웃을 섬기는 삶

Q18 《나만의 백과사전》이 나온다면 느낌이 어떨지,
어디에 활용할 것인지?

자신에 대해 이렇게 여러 가지 질문을 받아본 적이 있었던
가 싶다. 스스로 돌아보는 좋은 기회라고 생각한다. 상대방
과 만나서 여러 가지 대화에 좋은 소재로 활용하고 싶다.

Q19 나를 살리는 펩톡, 2023년에 활용할 펩톡은?

어려운 상황의 연속이지만 소통과 팀워크로 헤쳐나갈 것이
다. 우리 팀은 강하고 성장하기 때문이다.

Q20 지금까지 하루를 설렘으로 시작, 감사로 결실 만드는 삶
을 실천하면서 자신만의 소감과 자신에게 해줄 칭찬은?

하루하루의 소중함을 알게 해주니 감사하고, 꾸준히 실천
함을 칭찬한다.

나를 힘나게 한 기록

07

이혜린의 백과사전

뿌린 대로 거둔다

- **공부한 내용**

  데일 카네기 최고경영자 과정 대전 37기

  데일 카네기 HIP 과정

- **현재 하는 일**

  세종충남대학교병원 간호사

Q01 내가 좋아하는 일은 무엇인가?

① 돈 모으기
② 돈 쓰기
③ 잠자기
④ 맛있는 음식 먹기

Q02 내가 좋아하는 음식 3가지와 이유는?

① 김밥 : 간편한데 맛도 있다.
② 먹태 : 맛있는데 살이 안 찐다.
③ 연어 : 맛있고 호로록 삼키는 느낌이 좋다.

Q03 내가 싫어하는 일은?

계획하지 않은 일이 발생하는 것

Q04 내가 가보고 싶은 여행지와 이유는?

① 미국 뉴욕 : 세계경제가 돌아가고 있는 도시의 삶을 엿보고 싶다.
② 미국 LA : 한인들이 많이 살고 있는 그곳의 생활을 체험해보고 싶다.

Q05 내가 좋아하는 단어 10가지는?

(10가지는 아니지만) 파워 계획형, 바쁘게 사는 사람, 미인

Q06 내가 좋아하는 애장품과 그 이유는?

목걸이 : 프로포즈가 떠오른다.

Q07 나의 강점 3가지는 무엇인가?

① 계획을 잘 짠다.
② 일찍 일어난다.
③ 발표를 잘한다.
④ 당황하지 않는다.
⑤ 자존감이 높다.
⑥ 혼자서도 잘 지낸다.

Q08 나의 건강 루틴은 무엇인가?

일찍 자고 일찍 일어나기

Q09 나의 관계 루틴은 무엇인가?
즉, 사람 관계를 맺는 나만의 철학은 무엇인가?

"뿌린 대로 거둔다"가 나의 관계 루틴이다.

Q10 나의 약점 2가지는 무엇인가?

① 감정적이다.
② 계획과 달라지면 화가 난다.

Q11 나의 자랑스러운 습관 2가지는 무엇인가?

① 일찍 일어나기
② 먹자마자 움직이기

Q12 내가 꼭 보완하고 싶은 습관 2가지가 있다면 무엇인가?

① 계획한 일을 다 마치기
② 몰입, 몰두의 시간을 늘리기

Q13 내가 생각하는 행복의 정의는 무엇이고,
나는 어떨 때 행복한가?

① 행복이란? : 여유있게 만족하며 사는 것
② 어떨 때 행복한가? : 돈 벌어서 돈 쓸 때와 맛있는 것 먹
을 때

Q14 내 삶의 애로사항 2가지만 표현한다면?

감정적인 것

Q15 나를 한마디로 소개한다면?

나는 사람에게 도움을 주는 사람이다. 나는 타인에게 해를 끼치지 않는 사람이다. 나는 건강한 사람이다.

Q16 내가 원하는 삶의 모습은 어떤 모습일까?

여유 있는 나로 살기

Q17 80살 때의 내 모습은?

80살 때도 내가 좋아하는 일을 하며 살고 있을 것이다.

Q18 《나만의 백과사전》이 나온다면 느낌이 어떨지, 어디에 활용할 것인지?

마음속 깊이 새겨넣을 것이다.

Q19 나를 살리는 펩톡, 2023년에 활용할 펩톡은?

나는 나를 자랑스러워하는 사람이 될 것이다. 나는 내가 하고 싶은 일을 하며 살 것이다.

Q20 지금까지 하루를 설렘으로 시작, 감사로 결실 만드는 삶을 실천하면서 자신만의 소감과 자신에게 해줄 칭찬은?

긴 시간 동안 매일의 기록을 남길 수 있어서 좋았으며, 하루도 빠지지 않고 감사일기를 썼다는 것이 뿌듯하다.

나를 힘나게 한 기록

혜린!
* 나날이 성장하는 훌륭한
여성리더의 모습에 감동합니다
행복
* 항상 최선을 다하며 성장하기 위해 노력하는
행복한 사람!! -유준수-

* 열심히 사는 모습이 아름답고, 착해보임. 아름다운 오승아예쁨
-양선옥-

* 약간 수줍음듯하며 당당히 삶을 주도적으로 살아가시는 느낌 멋져요 *김인옥-

* 배움에 대한 열정, 보시는 일에 대한 자부심이 대단하신분이세요 -최용경-

* 헤린씨 목소리 열정을 담아 청중으로 보여주심이 감격합니다
-다경영

* 본인이 일이면 일, 쉬면 쉬고, 항상 최선을 다하는
밝은 맘이 멋있습니다 -이상민-

아름다운 그대여 날개 (김똑)
이쁘다. 30대 40대 멋진 모습 기대됩니다

「인생, 언제나 인간관계」 출판기념회
2019. 12. 19(목) 19시 | 이태성 | 박옥남 | 민동기 | 송경화 | 오숙영 | 이혜린 | 초대석

---

10 2018년 7월 2일 745호   내삶의 철학·부동산칼럼·기고문   안양신문

[칼럼초대석]

있을 때 잘하자! 내 삶의 철학 73호
나와 타인을 존중하는 미래의 간호사 이혜린

● 이혜린
대전/충청 카네기 지사 매니저
대전과학기술대학교 간호학과 3학년 재학중
2018.2.22. 한국평화언론대상 시민봉사상
2016.11.30 고내청의전공동아리대회 우수상
2016.11.20 대전광역지역지역센터 우수청백극복
선도단체상

《내삶의 철학 10가지》 좌우명 : 루틴대로 기
된다

1. 현재에 충실한다.
우리는 지나간 과거를 건드릴 수는 없다. 우리는 현재에 살고 있다. 현재는 곧 미래가된다. 따라서 현재에 충실해야 곧 나 나은 미래를 불러일으킬 수 있다.

2. '나의 마음, 생각에 귀 기울이며, '나'에 대한 투자를 아끼지 않는다. (자기계발, 건강, 외모관리)
내가 현재 서 있는 근원은 '나'이기 때문에 나를 알고, 발전시켜야 타인을 돕고 세상을 살수 있다.

3. 일주일 3회, 한 시간 이상 운동한다.
나에 대한 투자은 몸을 관리하며, 체력을 향상시키는 것 또한 나의 실력이다.

4. 매일 거울 앞에서 웃는 연습을 한다.

내가 아무리 힘들지라도 내가 웃는 얼굴을 하면 타인 또한 행복을 느끼게, 나의 몸신건강에도 도움이 된다.

5. 어떠한 상황에서도 긍정적인 마인드로 생각한다.
사람의 단심은 통하기 때문에 겉으로의 모습뿐만 아니라 마음속 생각까지 긍적해야 한다.

6. 정직하게 산다.
정직하지 않으면 내 자신을 속이는 것이며, 또한 들려앉는다. 나의 좌우명처럼 루틴대로 기된다.

7. 타인을 이해하고, 배려한다.
우리는 나를 위해서도 상대방 입장에서 이해를 도우며 함께 살아가야 하는 의무가 있다.

8. 소중한 사람을 소중히 생각하고 대한다.
타인이 내 옆에 있는 소중한 사람부터 소중

히 여기고, 대해야 또 다른 타인에게도 진심으로 다가갈 수 있다.

9. 타인에 대한 불평을 하지 않는다.
타인을 소중히 여김과 동시에 인간은 완벽하지 않으며, 각자의 배경이 다르기 때문에 타인의 상처를 보면서 배울 점을 맞추과 동시에 불평하지 않아야 한다.

10. 내가 했던 행동은 모두 '나의 신념'이고 나의 책임이다.
앞서 말한 모든 내용을 실천하는 것은 나이며, 나의 신념이며 내가 내가 내가 했던 모든 일, 행동 등은 나의 책임이다.

● 이대성기자
내삶의철학 실천본부 대표
데일카네기코리아 대전지사장
(010-9500-3862
okc.coach@naver.com)

08

손웅기의 백과사전

Present is a present

- 공부한 내용

　해군사관학교 군사전략학과 졸업

　미국 미시간대학교 공학석사 졸업

　데일 카네기 최고경영자 과정 대전 37기

　데일 카네기 최고경영자 과정 창원 47기

- 현재 하는 일

　대한민국 해군 소령

내가 좋아하는 일은 무엇인가?

① 내 삶의 하나님을 느끼는 일 : 살아가다 보면 앞이 보이지 않는 캄캄한 터널을 지날 때도 있고 탄탄대로를 신나게 달릴 때도 있다. 하지만 내 삶의 아주 절망적인 순간에도 내 삶의 가장 영광스러운 순간에도 늘 나와 함께 계시는 한 분이 계신다. 그분 앞에 서는 일은 항상 두렵고 떨리지만, 가장 기쁘고 좋은 시간이다. 엄마의 사랑이 그렇듯 항상 나를 향해 한결같은 사랑을 흘려보내시는 그분 앞에 서는 것이 참 좋다.

② 나누는 일 : 바쁜 현대인들의 삶에서 타인을 향한 관심은 점점 부담스러운 일이 되어 가는 것 같다. 그러나 인생은 나눌 때 기쁨은 배가 되고 아픔은 절반으로 줄어든다고 믿는다. 나의 삶의 가진 것을 나눌 때, 작은 친절을 베풀 때, 상대의 무거운 짐을 나누어질 때, 나는 누군가에게 위로와 격려가 되고 치유의 씨앗이 될 수 있다. 그렇게 함으로써 내가 속한 공동체와 세상은 한층 더 밝아지고 따뜻한 온기가 도는 세상이 될 것을 믿는다.

③ 자연을 느끼는 일 : 산이나 들이나 계곡이나 동산을 누빌 때마다 각기 다른 자연의 모습에 감탄을 자아낼 수밖에 없다. 이 아름다운 세상을 누가 만들었을까? 그 뛰어난 솜씨를 바라보며 그 놀라운 광경 앞에 한없이 작은 나를 발견한다. 높으신 그 이름을 찬양하고 예배하고 묵상하는 일이 참 좋다.

④ 만드는 일 : 나무를 가지고 뚝딱뚝딱 무언가를 만드는 것을 좋아한다. 목수셨던 할아버지의 피가 이어지는 것인지 모르겠다. 무언가를 만들고 누군가에게 기쁨이 될 수 있도록 선물하는 것이 좋다. 아울러, 나의 삶에서 만난 이들과 함께 추억을 만드는 일이 참으로 좋다. 내 삶의 모든 발걸음 가운데 즐거운 기쁨과 사랑이 넘치는 관계를 만드는 일이 진정으로 좋다.

Q02 내가 좋아하는 음식 3가지와 이유는?

나는 계란, 커피, 피자를 좋아한다. 계란은 나에게 건강을 주고, 커피는 나에게 힐링을 주며, 피자는 나에게 기쁨을 준다.

① 계란 : 어린 시절 엄마가 만들어 주신 계란찜 맛은 일품이었다. 계란찜에 밥을 비벼 한 숟가락 가득 밥을 얹어 먹으면 그만한 음식이 없었다. 지금은 사랑하는 엄마의 그 계란찜을 자주 맛볼 수는 없지만, 바쁜 일상에서 삶은 계란을 챙겨 먹고는 한다. 육체의 건강은 물론 어린 시절 엄마의 사랑을 잠시나마 생각해보면서 마음의 건강도 유지한다.

② 커피 : 커피는 정말 힘든 시절을 지날 때 나에게 위로가 되었다. 주말에 지친 몸을 이끌고 출근길에 테이크아웃 해가는 커피 한잔이 나에게 참으로 위로가 되었다. 아무도 없는 사무실에 나 홀로 앉아 좋아하는 음악과 함께 작은 내 책상, 나만의 공간에서 누리는 작은 사치는 나에게

정말 위로가 되었다. 힘든 시절을 이겨나갈 수 있게끔 나 자신을 위로하는 소중한 시간이었다. 이후로도, 힘든 시간이 다가올 때마다 때로는 나 혼자, 때로는 함께하고 싶은 이와 함께 카페에서 먹었던 커피 한잔과 추억 한 모금이 삶을 지탱해 나가는 소중한 반석이 되었다.

③ 피자 : 어린 시절 어머니께서 큰맘 먹고 데려가신 첫 피자집에서는 한 입 베어 먹고 더이상 먹지 않았던 기억이 난다. 그 이후로 피자는 부담 없이 즐겨 먹는 음식이 되었다. 피자는 항상 즐거움을 준다. 함께 모여 먹는 시간에 늘 어김없이 피자를 시켰고, 어른이 된 이후에도 아이들 생일이나 교회 모임 등에서 부담 없이 즐기는 음식이다. 특히, 대학원 시절 매주 금요일 피자와 함께한 세미나는 배고픈 학생들에게 지적인 허기와 육신의 허기를 채워주었다. 아울러, 매주 교회 나눔 방 모임에서 어린아이들을 가진 가정들의 연합에 피자는 기쁨과 만족을 준 추억의 음식이 되었다. 그래서 피자는 나의 삶에서 기쁨이 되었다.

Q03 내가 싫어하는 일은?

이 분야에 대해서는 참으로 할 말이 많지만, 아직 삶의 경험이 일천하고 더 성숙해야 하기에 말을 아끼고 싶다. 하지만 한가지 확실하게 말하고 싶은 것은 리더가 된다는 것은 무한한 책임감을 가져야한다는 것이다. 꼬리 자르기, 거짓과 위선으로 리더의 자리가 연장될 수 있지만, 영원할 수 없다는 것을 명심해야 한다. 언젠가는 내려가야 하는 곳이 있음을 명심하고, 언제든지 내려올 준비를 하고 그 자리에 머무는 것이 리더로서 중요한 자세라 생각된다. 최근 읽었던 책 중에 문구가 생각난다. "역경을 견디는 자가 백 명이라면 번영을 견디는 자는 한 명에 불과하다."

Q04 내가 가보고 싶은 여행지와 이유는?

스페인 산티아고 순례길, 프랑스 락블랑, 칠레 파타고니아, 볼리비아 우유니 사막, 페로 제도, 인도네시아 루손섬, 인도네시아 발리(신혼여행지 재방문), 미국의 국립공원 다 가보기, 앤아버 등. 은퇴 후 아내와 함께 트레킹할 장소들과 사랑하는 이웃들이 있는 곳이다. 아름다운 자연의 신비가 있는 곳, 태산과 협곡을 지으신 하나님의 깊은 솜씨를 감상하고 찬양하며 묵상하는 시간을 갖고 싶다. 아울러, 보고 싶은 얼굴들이 있는 곳에 가서 다시 뜨거운 포옹과 정을 나누고 싶은 장소들이다.

Q05 내가 좋아하는 단어 10가지는?

나를 대표하는 단어 한가지 : 신실(나를 대표하는 단어가 되도록 살고 싶다.)

내가 좋아하는 9가지 단어 : 성령의 9가지 열매인 사랑, 희락, 화평과 오래 참음, 자비, 양선, 충성, 온유, 절제

내가 좋아하는 애장품과 그 이유는?

노트북 : 노트북 속에 지나온 세월의 흔적과 추억, 가장 행복한 순간이 담겨 있다. 인생의 벼랑 끝에서 하나님의 인도하셨던 기억이 증거가 남겨져 있기 때문이다. 그리고 앞으로 나의 인생의 기록도 그 안에 담겨지길 바란다. 그 인생의 자취가 누군가의 앞길에 등불이 되는 삶이 되기를 소망한다.

Q07 **나의 강점 3가지는 무엇인가?**

① 믿음 : 어려움과 위기가 찾아올 때 부정적인 생각으로 좌절하지 않고 하나님을 신뢰하며 모든 것이 합력해서 선을 이룰 것이라 믿고 나아가는 믿음이 있다. 믿음이 있기에 어려운 상황에서도 긍정적인 면을 바라본다. 부정적인 생각과 절망보다, 감사와 소망을 가지고 두려움보다 설렘을 바라보는 눈을 가지려고 한다. 이를 통해 어떤 외부의 상황 속에서도 마음과 생각을 지키고 기쁨과 감사가 충만한 인생을 살아가려고 한다.

② 충성 : 맡은 바 일에 최선을 다하려 노력한다. 나에게 맡겨진 일은 누가 알아주지 않아도, 누가 보아 주는 이가 없어도 최선을 다하려 노력한다. 나의 작은 일도 쓰임이 있다고 믿으며 주 어진 자리에서 주어진 일을 소홀히 하지 않으려 몸부림친다. 누군가 나를 보내 이일을 감당케 했다는 사명감이 있기 때문이고 그것이 나의 존재의 목적이라 믿기 때문이다.

③ 유연함 : 상황에 따라 맞춰 줄수 있고, 때로는 자기주장을 하며 이끌 때도 있고, 유머스러울 때도 있고 진중할 때도 있다. 모든 상황 가운데서 자유함을 누릴 수 있는 유연함과 회복 탄력성이 있는 것 같다.

Q08 나의 건강 루틴은 무엇인가?

① 서서 일하기 : 허리 건강을 위해 서서 일하기를 실천한 지 어느덧 1년이 되어 간다. 처음에는 다리도 아프고 많이 불편했지만, 지금은 허리도 덜 불편하고 하체도 많이 단련되어 좋은 것 같다.

② 점심 운동 : 일이 많다 보니 운동할 짬이 나지 않고 지속되는 야근 속에서 홀로 운동하러 사라지기가 어려울 때가 있다. 그래서 점심시간에 운동을 하게 되었고, 운동을 마치고 간단 하게 식사를 하니 몸도 개운하고 속도 편해서 참 좋다.

Q09 나의 관계 루틴은 무엇인가?
즉, 사람 관계를 맺는 나만의 철학은 무엇인가?

① 그럴 수도 있지. : 모든 사람을 대할 때 인디언 속담처럼 "그 사람의 신을 신어보기 전에는 그 사람을 절대 판단할 수 없다"라는 생각에 "그럴 수도 있다"라고 생각하려고 노력한다. 그렇게 하다 보면 상대를 이해할 수 있게 되고 그럼으로써 관계의 폭도 넓어지는 것도 느낀다. 그

리고 그것이 성경적이라고 생각한다.

② 손해 보는 편을 택한다. : 항상 손해를 보는 편을 택한다. 그러면 관계에서 결코 손해 보지 않는다. 그리고 때로는 부당하고 손해를 보게 되더라도 하늘에서 지켜보시는 공의로운 하나님께서 모든 것을 갚아 주시리라 믿기 때문에 손해 보는 것이 두렵지 않다.

Q10 나의 약점 2가지는 무엇인가?

① 욱하는 성질 : 기질이 다혈질이라 불의를 보면 참지 못한다. 내 생각에 맞지 않으면 고집을 부리며 내 주장과 생각을 내세웠던 치기 어린 시절이 있었다. 현재는 많이 깎여지고 다듬어져 가고 있지만, 여전히 내 안에는 늘 싸움이 있기에 늘 주의하고 조심한다.

② 기복이 있다. : 처음 시작을 잘 벌이는 스타일이며 처음 열정에 비해 마무리에 쏟는 열정은 다소 약해지는 사람인 것 같다. 그래서 나에게 치밀하고 한결같은 동역자가 필요함을 절실히 느낀다. 그리고 훈련을 통해 많이 드러내지 않지만, 감정적인 성격이라 다소 감정에 따라 기복이 있는 편이다. 훈련으로 한결같음을 유지하려고 노력한다.

나의 자랑스러운 습관 2가지는 무엇인가?

① 새벽 묵상과 기도 : 새벽에 일어나 하루를 하나님께 묻고, 하루를 디자인한다. 그러다 보면 하나님 허락하신, 이 하루를 아주 풍성하게 보낼 수 있는 시작을 할 수 있어 참 보람이 있고 기쁨이 넘친다.

② 감사일기 : 1000일이 넘게 쓰고 있는 감사일기, 이태성 지사장님의 권유로 시작하게 된 감사일기 속에서 감사를 바라보는 시각이 습관화되었다. 어떤 상황 속에서도 감사를 바랄 수 있는 삶이 되었다. 무엇보다 '범사에 감사하라'라는 하나님 말씀을 실천할 수 있어 참으로 자랑스럽다.

Q12 내가 꼭 보완하고 싶은 습관 2가지가 있다면 무엇인가?

① 새벽 4시 30분 기상 : 기상 시간이 들쑥날쑥해서 정착시키고 싶다. 매일 새벽 4시부터 알람이 울리지만 아직도 4시 30분에 일어나는 것이 힘들다. 취침을 일정하게 일찍하기 힘든 상황이 많이 생기지만 그래도 일찍 자고 일찍 일어나는 습관을 꼭 기르고 싶다.

② 기도 생활 : 특히 잠들기 전에 기도하는 시간을 실천하기가 정말 어렵다. 새벽에 일어나서, 점심에 한 번, 잠들기 전, 한 번 하루 10분씩 묵상을 하려고 노력하지만, 특히 잠자기 전에 실천하는 것이 제일 어려운 것 같다. 특히, 잠자기 전 피곤에 지쳐 잠들기 전 꼭 기도와 묵상을 습관화하고 싶다.

내가 생각하는 행복의 정의는 무엇이고,
나는 어떨 때 행복한가?

"화려하지 않아도 정결하게 사는 삶. 가진 것이 적어도 감사하며 사는 삶. 내게 주신 작은 힘 나눠주며 사는 삶. 이것이 나의 삶의 행복이라오.

눈물 날 일 많지만 기도할 수 있는 것. 억울한 일 많으나 주를 위해 참는 것. 비록 짧은 작은 삶 주 뜻대로 사는 것. 이것이 나의 삶의 행복이라오.

이것이 행복, 행복이라오. 세상은 알 수 없는 하나님 선물. 이것이 행복, 행복이라오. 하나님의 자녀로 살아가는 것. 이것이 행복이라오."

찬양의 가사처럼 하나님 안에 만족함과 넉넉함과 긍휼함, 위로가 있는 것이 행복이라 생각하고, 예배와 찬양과 기도 봉사와 교제, 감사의 순간 삶의 모든 순간에 하나님이 함께하시고, 힘주시며, 위로하시고 나를 사랑해 주시는 것을 느낄 때 행복하다.

 내 삶의 애로사항 2가지만 표현한다면?

① 야근이 잦아 평일에 커가는 아이들과 아내와 함께하는 시간이 부족해서 아쉽다.
② 잦은 이사로 아이들이 전학을 많이 다녀야 하는 현실이 미안하다.

Q15 나를 한마디로 소개한다면?

나를 한마디로 표현하기엔 너무 다채로운 사람이라고 생각한다. 나중에 죽으면 내 묘비에는 이런 글이 새겨지길 생각해본다. "하나님을 사랑하고, 나라를 사랑하며, 이웃사랑을 실천한 하나님의 좋은 군사, 믿음의 사람이 이곳에 잠들다." 이런 삶을 살고 싶다.

Q16 내가 원하는 삶의 모습은 어떤 모습일까?

하나님 앞에 신실하고, 나라 사랑과 이웃사랑을 실천하며, 내가 속한 땅에서 복이 되는 삶을 살고 싶다.

Q17 80살 때의 내 모습은?

넉넉하게 베풀고, 위로하며, 격려하는 마음 좋은 할아버지가 되고 싶다. 그때에도 찢어진 청 바지, 백발의 긴 머리를 뒤로 묶고 다닐 수 있는 마음이 젊은 사람이고 싶다.

Q18 《나만의 백과사전》이 나온다면 느낌이 어떨지, 어디에 활용할 것인지?

나를 이해하고, 세상과 나를 비추는 창으로 활용하며, 지속적으로 보완해서, 이 세상을 마감할 때 자녀들이 참고할 수 있는 인생 지도로 물려주고 싶다.

- 느낌 : 삶에서 나에 대해 늘 알아가면서도 한 번도 나를 제대로 연구한 적이 없었는데 좋은 길잡이가 되어줄 것 같아 기대된다.
- 활용 : 인생을 요리에 비유하면 재료의 정확한 성분을 알아야 제대로 된 맛과 향을 낼 수 있을 것이다. 인생의 향과 맛을 낼 수 있는 재료로 나의 백과사전을 잘 사용하고 싶다.

Q19 나를 살리는 펩톡, 2023년에 활용할 펩톡은?

① 나는 존귀한 사람이다. 주님이 나를 사랑 해주시니.
② 나는 능력의 사람이다. 하나님이 힘주시니.
③ 나는 신실한 사람이다. 맡은 일에 충성하고 마음을 다하니.

Q20 지금까지 하루를 설렘으로 시작, 감사로 결실 만드는 삶을 실천하면서 자신만의 소감과 자신에게 해줄 칭찬은?

무엇보다 감사를 실천하고 하루를 기대와 소망으로 시작하는 일은 내가 어릴 적부터 그려 온 삶이고 참 성경적인 삶이라 생각한다. 지사장님의 권유로 시작한 이 일이 인생을 살아가는 좋은 툴이 되어 너무 감사하다. 이를 통해 삶이 한층 더 밝아졌으며, 삶의 또 다른 채움이 생기니 참으로 감사하다. 그리고 그동안 위태한 순간도 있었지만, 그때마다 격려해주시는 분들의 도전으로 잘 이어온 것 같아 너무 감사하다.

이제 나의 감사일기에 사춘기로 접어든 우리 아이들을 초대해서 우리 가족 모두가 감사일기를 쓰고 하루를 설렘으로 시작할 수 있는 가정이 되기를 소망한다. 우리 가족의 감사와 설렘은 이제 시작이라 더욱 설레고 감사하다.

좋은 권유를 해주신 지사장님, 늘 실천하는 데 직간접적으로 도움을 주신 카네기 원우님들께 감사드린다. 항상 응원과 격려를 아끼지 않는 나의 사랑하는 아내와 나의 삶의 기둥이요, 반석이신 하나님께 감사와 영광을 돌린다.

나를 힘나게 한 기록

이기훈의 백과사전

내가 옳은 걸 내가 어떻게 알지?

- 공부한 내용

데일 카네기 최고경영자 과정 대전 38, 39, 41기

데일 카네기 HIP 과정

- 현재 하는 일

신천개발㈜ 대표

지앤에스 대표

Q01 내가 좋아하는 일은 무엇인가?

그전에 갖지 못한 새로운 사고의 지평을 넓히는 일을 좋아한다. 책, 강의, 직접 경험 등 어떤 경로와 관계없이 내가 모르는 것도 모르고 살던 것에 대해 새롭게 '아하!' 하고 느끼는 순간이 좋다.

Q02 내가 좋아하는 음식 3가지와 이유는?

① 수박 : 수분이 많고 달달한 맛, 식감이 좋다.
② 포도 : 주스로 만들어 먹으면 건강에도 좋다.
③ 피자 : 간편식으로 맛있고 포만감도 좋다.

Q03 내가 싫어하는 일은?

① 반대를 위한 반대
② 거짓말(자신의 이기심 채우기 위한)
③ 뭐든 부정적으로 바라보는 태도

Q04 내가 가보고 싶은 여행지와 이유는?

① 월가와 연준 : 자본주의의 핵심인 화폐가 태어나고 역동적으로 움직이는 심장을 직접 보고 싶다.

② 베트남 항손둥 동굴 : 항손둥 동굴은 2009년 최초로 발견된 세계 최대 동굴로 사람 손에 닿지 않은 수백만 년의 자연을 간직하고 있는 곳이기에 가보고 싶다.

③ 아이슬란드, 우유니 사막

Q05 내가 좋아하는 단어 10가지는?

대표단어 : 역발상

일이관지, 통찰, 집념, 개념판단 및 추리, 긍정, 신념, 시행착오, 상상, 아하!

Q06 내가 좋아하는 애장품과 그 이유는?

책 : 내가 가보지 않은 길을 먼저 가본 사람들이 알려주는 지름길

Q07 나의 강점 3가지는 무엇인가?

① 모르는 것을 알려고 하는 태도

② 일희일비 하지 않는 태도

③ 역발상, 남이 가지 않는 길을 추구하는 태도

Q08 나의 건강 루틴은 무엇인가?

① 운동(홈트, 웨이트 트레이닝)하기
② 저녁 야식 피하기
③ 영양제(비타민, 마그네슘) 챙겨 먹기

Q09 나의 관계 루틴은 무엇인가?
즉, 사람 관계를 맺는 나만의 철학은 무엇인가?

내가 받고자 하는 만큼 남에게 해주어라.

Q10 나의 약점 2가지는 무엇인가?

① 과도한 조심성 : 실행을 먼저 하는 쪽이 어쩌면 더 빨리 배울 수 있는 부분인데, 실패를 최소화하자는 마음이 너무 커서 때에 맞춘 행동을 못할 때가 있다.
② 거절 : 싫은 소리를 상황에 맞게 적당한 강도로 매끄럽게 할 줄 알아야 하는데, 완급조절이 안 되어 트러블이 발생할 때가 있다.

Q11 나의 자랑스러운 습관 2가지는 무엇인가?

① 독서 : 효율적인 결과를 낳기 위한 공부
② 메모와 기록 : 아이디어나, 미래를 아는 데 도움을 주는 현재의 중요한 사건, 일들을 매일매일 기록해서 나만의 데이터를 쌓아가고 있다.

Q12 내가 꼭 보완하고 싶은 습관 2가지가 있다면 무엇인가?

① 미루지 않는 습관
② 효율 높은 정리정돈하는 습관

Q13 내가 생각하는 행복의 정의는 무엇이고,
나는 어떨 때 행복한가?

① 행복이란? : "지금 이 순간 자체에 행복한 감정을 느끼고
있는가?"라는 물음에 "네"라고 할 수 있는 사람을 행복
한 사람이라고 생각한다.
② 어떨 때 행복한가? : 어떤 분야에 대해 경험하고 공부하
다 갑자기 "아!" 하고 그간 몰랐던 걸 알게 된 깨달음을
얻었을 때. 매번 똑같이 봐온 것을 새로운 관점으로
볼 수 있는 통찰이 생겼을 때 행복을 느낀다.

Q14 내 삶의 애로사항 2가지만 표현한다면?

① 과도한 조심성
② 내가 모르고 있음에도 안다고 착각하는 부분

Q15 나를 한마디로 소개한다면?

역발상적인 사람. 매 순간을 새롭게 보고, 늘 대중과 다른
길을 걷는 사람

Q16 내가 원하는 삶의 모습은 어떤 모습일까?

살아 있는 매 순간에 대해 행복이란 감정을 느끼며 사는 모습

Q17 80살 때의 내 모습은?

나만의 역사책을 쓰는 모습

Q18 《나만의 백과사전》이 나온다면 느낌이 어떨지,
어디에 활용할 것인지?

① 느낌 : 나 자신에 대해 어렴풋이 알던 것에서 나 자신을
더 잘 알게 된다는 것
② 활용 : 내가 어디로 가야할지 보는 나침판으로 활용한다.

Q19 나를 살리는 펩톡, 2023년에 활용할 펩톡은?

① 나는 나날이 더 좋아진다.
② 매 순간을 새로이 보는 깨어 사는 사람이다.

Q20 지금까지 하루를 설렘으로 시작, 감사로 결실 만드는 삶
을 실천하면서 자신만의 소감과 자신에게 해줄 칭찬은?

설시감결 1280일 차가 넘었다. 무엇보다 감사일기를 습관
화하는 것은 매우 삶에 도움이 된다는 것을 느꼈다. 이기훈
에게는 "참으로 잘했다"라고 칭찬하겠다.

나를 힘나게 한 기록

민경록의 백과사전

운외창천(雲外蒼天),
구름 너머에 푸른 하늘이 있다

- 공부한 내용

울산대학교 경영대학원 석사(경영학 전공)

삼양사 지원기술안전 팀장 역임

ISO 22000 심사원 자격취득

데일 카네기 최고경영자 과정 대전 39기

- 현재 하는 일

추자도 선교봉사 책임자

비케이바이오 기술이사

- 자기계발, 봉사한 일

필리핀, 에디오피아 등 선교 봉사활동

MBTI 일반강사 취득 및 활동

- 강의 경력

제주중앙교회, 회사, 개인 MBTI 검사 및 강의 경력

Q01 내가 좋아하는 일은 무엇인가?

책을 읽으며 사색하는 일. 마음 맞는 분들과 대화하고 삶을
현장에서 나누는 것

Q02 내가 좋아하는 음식 3가지와 이유는?

건강에 좋고 맛있는
① 조청간장닭 ② 신선한 야채쌈 ③ 된장국

Q03 내가 싫어하는 일은?

① 과거에 매몰되는 것
② 비난을 자주하는 일
③ 노력하지 않는 것

Q04 내가 가보고 싶은 여행지와 이유는?

① 스위스 융프라우 : 처음 갔을 때 아이들과 꼭 함께 다시
   와야겠다고 생각했다.
② 알래스카 개 썰매 타기 : 아이들이 어릴 때 약속한 것을
   지키고 싶다.
③ 이스라엘 성지순례 : 성경에 나오는 장소를 체험하고
   싶다.

Q05 내가 좋아하는 단어 10가지는?

대표단어 : 평상심

전문가, 소통, 나눔, 상담, 분위기, 행복, 여행, 자유로움, 고요함

Q06 내가 좋아하는 애장품과 그 이유는?

삶의 노트 : 독서 기록, 말씀 묵상, 운동 기록 등이 다 들어 있기 때문이다.

Q07 나의 강점 3가지는 무엇인가?

① 진보하고 도전하는 마음
② 진심으로 대하는 마음
③ 축복을 주시는 분을 믿는 마음

Q08 나의 건강 루틴은 무엇인가?

① 정시에 세끼 먹기
② 긍정력, 감사와 설렘 기록하기
③ 운동하기(스트레칭, 푸시업 외)

Q09 나의 관계 루틴은 무엇인가?
즉, 사람 관계를 맺는 나만의 철학은 무엇인가?

성향과 방향이 끌리면 지속적으로 그리고 깊이 있게 유지한다.

Q10 나의 약점 2가지는 무엇인가?

① 성질머리
② 약간의 결정 장애

Q11 나의 자랑스러운 습관 2가지는 무엇인가?

① 새벽 말씀 나눔
② 계획하면 실행하기

Q12 내가 꼭 보완하고 싶은 습관 2가지가 있다면 무엇인가?

내가 원하는 삶은 서로 마음을 나누며, 깨닫고 배우고 성장하는 삶이다.

Q13 내가 생각하는 행복의 정의는 무엇이고,
나는 어떨 때 행복한가?

① 행복이란? : 마음을 나누며 소통하는 것이다.
② 어떨 때 행복한가? : 내가 소중히 여기는 생각이 상대방과 소통이 되어 새로운 깨달음이 느껴지고 도전의식이 생길 때 행복하다.

Q14 내 삶의 애로사항 2가지만 표현한다면?

① 나의 인생이 짧다는 것
② 의지력, 실천력이 부족하다는 것

Q15 나를 한마디로 소개한다면?

나는 자연과 사람을 삶을 나누고, 창조주 하나님을 믿으며,
가르침을 세상에 전파하는 데 작은 기여하고자 하는 자다.

Q16 내가 원하는 삶의 모습은 어떤 모습일까?

이웃과 아픔을 위로하고 사랑을 나누며
삶을 개척하며 살아가기

Q17 80살 때의 내 모습은?

80살 때의 내 모습은 글을 적으며 좋은 사람들과 대화하고
작은 것이라도 베풀며 소소한 즐 거움을 누리는 삶

Q18 《나만의 백과사전》이 나온다면 느낌이 어떨지,
어디에 활용할 것인지?

태생은 바꿀 수 없으나, 깨닫고 투쟁하고 시도해서 꾸준히
진보하는 인생이 될 수 있도록 개정판을 또 출간하겠다.

Q19 나를 살리는 펩톡, 2023년에 활용할 펩톡은?

① 나는 주님을 신뢰한다. 여기까지 인도하셨으니까.
② 나를 살리는 자이다. 그것이 옳으니까.

Q20 지금까지 하루를 설렘으로 시작, 감사로 결실 만드는 삶을 실천하면서 자신만의 소감과 자신에게 해줄 칭찬은?

감사와 설렘을 인간관계를 위한 기초석으로 장착하도록 리드해주신 이태성 지사장께 먼저 감사를 드린다. 혼자서는 갈 수 없는 길을 함께 동행해주신 카네기 원우님들께도 깊이 감사를 드린다.

아침마다 정말 바쁜 시간이었지만 잊지 않고(가끔 누락했지만), 지난 하루 중에서 감사한 것 2개와 새로운 하루에서 설렐 것 2개를 기록하게 되어, 나에게 등을 두드리며 칭찬과 찬사를 보낸다.

나를 힘나게 한 기록

11
——

장재한의 백과사전

따뜻한 선비 리더

- 공부한 내용

대한민국 육군소위 임관, 1993

대한민국 육군대위 예편, 2000

상지대학교 일반대학원 축산학과 수료

데일 카네기 최고경영자 과정 40기(열정상)

- 현재 하는 일

(주)글로벌교육원 재직

- 경력

1993~2000 육군 28사단 소대장, 9공수여단 중대장

2000~2004 (주)일신산업 재직

2004~2008 (주)헬싱타운 이사

Q01 내가 좋아하는 일은 무엇인가?

산책하기 : 건강도 되고 어려운 문제들을 걸으며 생각하면
잘 정리된다.

Q02 내가 좋아하는 음식 3가지와 이유는?

① 된장찌개 : 속이 편해서 좋아한다.
② 김치찌개 : 얼큰하게 먹고 땀 흘릴 수 있어서 좋아한다.
③ 순두부 : 부드러워서 좋아한다.

Q03 내가 싫어하는 일은?

① 불필요한 언쟁
② 언행일치가 안 되는 것
③ 비난, 비평, 불평하는 일

Q04 내가 가보고 싶은 여행지와 이유는?

울릉도 : 한 번도 가보지 못한 곳이고, 새우가 유명하다고 하
니 가서 꼭 먹어보고 싶다.

Q05 내가 좋아하는 단어 10가지는?

행복, 미소, 설렘, 감사, 사랑, 눈물, 엄마, 중용, 능구, 지미

Q06 내가 좋아하는 애장품과 그 이유는?

중용과 카네기 책 : 중용은 하루하루 살아가는 의미를, 카네기 책은 살아가는 방법을 알려주기 때문이다.

Q07 나의 강점 3가지는 무엇인가?

① 능구
② 선한 미소
③ 긍정적인 마인드

Q08 나의 건강 루틴은 무엇인가?

① 일어나서 물 마시기(일일 1.5L)
② 산책으로 8,000보 걷기
③ 긍정적인 생각하기

Q09 나의 관계 루틴은 무엇인가?
즉, 사람 관계를 맺는 나만의 철학은 무엇인가?

충서 타인을 배려하고,
내가 하기 싫은 것을 남에게 시키지 말자.

Q10 나의 약점 2가지는 무엇인가?

① 거절 못하는 성격 : 상대방을 위해서라도 정확한 내 입장을 말할 수 있는 용기가 부족함.

② 일어나지 않은 일에 대한 걱정 : 일하면서 예상되는 문제에 대해 너무 깊게 고민해서 불필요한 시간 낭비와 스트레스를 받는다.

Q11 나의 자랑스러운 습관 2가지는 무엇인가?

① 매일 부모님께 전화하는 것 : 효는 모든 행동의 기본

② 매일 산책하는 일 : 건강한 육체에 건강한 생각이 든다.

Q12 내가 꼭 보완하고 싶은 습관 2가지가 있다면 무엇인가?

① 일을 미루는 습관 : 조금 더 적극적으로 일을 추진

② 긍정적 마인드 부족 : 더 많이 웃고 미소짓자.

Q13 내가 생각하는 행복의 정의는 무엇이고,
나는 어떨 때 행복한가?

① 행복이란? : 감사한 마음으로 세상을 바라보는 것

② 어떨 때 행복한가? : 사소한 일이라도 감사한 마음으로 바라보고 느끼면 행복해진다.

Q14 내 삶의 애로사항 2가지만 표현한다면?

① 어머니 혼자 생활하고 계신 것
② 체력이 조금씩 떨어지는 걸 느낄 때

Q15 나를 한마디로 소개한다면?

나는 매일 성(誠)해지려고 노력하는 사람이다.

Q16 내가 원하는 삶의 모습은 어떤 모습일까?

작은 일에 감사하며, 오늘 하루를 열심히 사는 것

Q17 80살 때의 내 모습은?

진정한 선비의 모습이었으면 한다. 어떤 일을 하든 나에게는
엄격하고 남에게는 감사와 격려할 수 있는 모습이고 싶다.

Q18 《나만의 백과사전》이 나온다면 느낌이 어떨지,
어디에 활용할 것인지?

① 느낌 : 하루하루 나를 돌아볼 때 도움이 될 것 같다.
② 활용 : 힘들고 지칠 때 나를 격려하고 칭찬하는 소중한
　　자료가 될 것 같다.

Q19 나를 살리는 펩톡, 2023년에 활용할 펩톡은?

① 나는 행복한 사람이다. 선한 영향력을 가질 수 있어서.
② 나는 건강한 사람이다. 성실하게 살고 있어서.
③ 나는 따뜻한 사람이다. 주변 사람들을 통해 배울 수 있어서.

Q20 지금까지 하루를 설렘으로 시작, 감사로 결실 만드는 삶을 실천하면서 자신만의 소감과 자신에게 해줄 칭찬은?

"설시감결을 통해 지난 어제에 감사하고, 새로 맞이할 오늘에 설레는 생활을 통해 하루하루가 성실하게 채워지는 것 같습니다. 550일 넘는 시간을 하루도 빠지지 않고 해낼 수 있게 도와주신 지사장님과 원우님들께 감사드립니다."

8 2021년 6월 7일 113호   내 삶의 철학   안양신문

내 삶의 철학

"있을 때 잘하자" 내 삶의 철학 133호

사람들에게 선한 영향력을 주는 선비 리더가 꿈인 장재한 본부장

▲ 장재한 본부장

12

차현미의 백과사전

자유롭고 신명 나게 감동적으로

- 공부한 내용

공주교육대학원 청소년교육상담 석사 졸업

한서대학교 청소년 상담심리학과 박사 재학 중

데일 카네기 최고경영자 과정 대전 42, 43기

데일 카네기 최고경영자 과정 대전 44기 코치

- 현재 하는 일

드림톡톡 코칭스쿨 원장

한국시낭송가협회 당진지회 전 회장

한국생활음악협회 당진지부 사무국장

- 수상

독립선열 전국 웅변스피치대회 국회의장상 <국가보훈처>

심훈전국시낭송대회 금상 <심훈상록문화제 집행위원회>

공주교대 방과후 우수강사상 <공주교대(재) 나우누리>

표창장 <충청남도교육감>

공로패 <한국생활음악협회>

감사패 <당진시의회> 외 다수

- 자기계발

스피치지도사, 시낭송지도사, 청소년지도사 2급, 사회복지사 2급,

인성지도사 1급, 북텔러, 생명존중 전문강사, 웰다잉지도사 1급,

장애인 평생교육강사, 자원봉사지도사 1급, 독서심리상담사 1급 외 다수

- 강의

자신감 up 리더십 스피치(당진시립중앙도서관, 해나루보호작업장,

당진 다문화센터, 신성대, 청양 다문화센터) 강의

마음치유 시낭송 및 스피치(당진문화원 문화학교, 송악중, 호서중, 당진초,

유곡초, 초락초, 당진청소년문화의 집 외 다수) 강의

- 공연

3.1운동 100주년 기념행사

김대건 신부 탄생 200주년 기념행사

심훈추모문화제, 당진 문학제, 8.15 광복절 경축식

브랜드 공연 <그때를 아십니까> 외 다수

Q01　내가 좋아하는 일은 무엇인가?

① 다른 사람의 자신감과 자존감을 높여주고 동기부여
　하는 일
② 타인의 성장을 돕는 일

Q02　내가 좋아하는 음식 3가지와 이유는?

① 김밥 : 맛도 있고 바쁠 때 간단하게 먹을 수 있어 좋다.
② 삼계탕 : 기운 없을 때 먹으면 힘이 난다.
③ 비빔밥 : 야채와 함께 먹을 수 있어 좋다.

Q03　내가 싫어하는 일은?

① 다른 사람에게 피해 주는 일
② 비난, 비판, 불평하는 일

Q04　내가 가보고 싶은 여행지와 이유는?

터키 : 터키에서 열기구를 타보고 싶다.

Q05　내가 좋아하는 단어 10가지는?

대표단어 : 친절
감사, 열정, 도전, 성장, 존중, 자승자강, 자신감, 미소, 설렘

Q06 내가 좋아하는 애장품과 그 이유는?

필통 : 아들이 다섯 살 때 어린이집 바자회에서 물물교환하면서 선물해주었기 때문이다.

Q07 나의 강점 3가지는 무엇인가?

① 친절 ② 성실 ③ 책임감

Q08 나의 건강 루틴은 무엇인가?

① 아침 7시에 식사하기
② 하루 물 2L 마시기

Q09 나의 관계 루틴은 무엇인가?
즉, 사람 관계를 맺는 나만의 철학은 무엇인가?

① 이름을 기억한다.
② 존중해주고 친절하게 대해준다.

Q10 나의 약점 2가지는 무엇인가?

① 정리정돈을 잘 못한다.
② 부탁을 못한다.

Q11 나의 자랑스러운 습관 2가지는 무엇인가?

① 매일매일 감사와 설렘 기록하기
② 아침 7시에 식사하기

Q12 내가 꼭 보완하고 싶은 습관 2가지가 있다면 무엇인가?

① 정리정돈하기
② 조금 더 일찍 일어나기

Q13 내가 생각하는 행복의 정의는 무엇이고,
나는 어떨 때 행복한가?

① 행복이란? : 지금 미소지을 수 있는 것
② 어떨 때 행복한가? : 나는 일할 때 행복하다.

Q14 내 삶의 애로사항 2가지만 표현한다면?

① 하고 싶은 일도 많고 요청이 들어오는 일도 많은데
시간과 건강이 허락하지 않는 것
② 부탁하는 것이 힘들다는 것

Q15 나를 한마디로 소개한다면?

사람들의 자신감을 높여주고 성장을 돕는 사람

Q16 내가 원하는 삶의 모습은 어떤 모습일까?

함께 웃고 함께 성장해 나가는 삶

Q17 80살 때의 내 모습은?

나의 책으로 강연을 하고, 지역 사회에 재능 기부를 하며, 타인의 성장을 돕는 역할을 하고 있다.

Q18 《나만의 백과사전》이 나온다면 느낌이 어떨지, 어디에 활용할 것인지?

① 느낌 : 《나만의 백과사전》이 나온다면 가슴이 뜨거워질 것 같다. 나를 알고 나답게 살아가는 데 많은 도움이 될 것 같다.

② 활용 : 앞으로 나의 성장 발판으로 삼아 더욱 나답게 살아가는 데 활용하겠다.

Q19 나를 살리는 펩톡, 2023년에 활용할 펩톡은?

나는 잘해왔고, 잘하고 있고, 잘할 수 있다.

Q20. 지금까지 하루를 설렘으로 시작, 감사로 결실 만드는 삶을 실천하면서 자신만의 소감과 자신에게 해줄 칭찬은?

330일 차가 되었고 감사와 설렘으로 하루를 시작할 수 있어 하루하루가 소중하고 감사한 일들이 더 많아졌다.

"차현미! 너는 해낼 줄 알았어. 잘했어"라고 칭찬한다.

안양신문　　내 삶의 철학　　2021년 12월 6일 124호 **11**

"있을 때 잘하자" 내 삶의 철학 142호
스스로 과거를 돌아보며, 현재를 즐기고 미래를 스케치 하는 차현미 시낭송가

▲ 차현미 시낭송가

@ 이태성 기자
okcoach@naver.com

나를 힘나게 한 기록

13
—

조장희의 백과사전

내일은 언제나 내일의 태양이 뜬다

- 공부한 내용

일본 문부과학성 국비 장학생 일한통역번역 과정 수료

대한민국 해병대 병 1277기

데일 카네기 최고경영자 과정 42기

데일 카네기 HIP 코스

ASK 꿈알 강사 과정

Q01 내가 좋아하는 일은 무엇인가?

자아실현, 현재의 소목표를 달성해나가며 어제보다 본목표에 더욱 근접한 자신을 만드는 것

Q02 내가 좋아하는 음식 3가지와 이유는?

① 스테이크 : 단순한 고기구이지만 그 단순함 속에 어마어마한 맛이 숨겨져 있는 것이 좋다.
② 위스키 : 축하할 때, 슬플 때, 기쁠 때, 다쳤을 때에도 사용할 수 있는 범용성이 좋다. 향도 그윽하다.
③ 커피, 차 : 향기가 졸음을 쫓을 수 있는 것이 좋다. 같은 커피와 차라도 그 안에서 여러 가지 맛과 향을 즐길 수 있다는 것이 마음에 든다.

Q03 내가 싫어하는 일은?

① 내숭 떨기
② 아부하기(서로 잘못되는 것이니까)

Q04 내가 가보고 싶은 여행지와 이유는?

런던, 파리, 뉴욕 등등 세계의 유명 도시들을 돌아다니면서 견문을 넓히고 싶다.

Q05 내가 좋아하는 단어 10가지는?

존중, 명예, 도전, 쟁취, 충성, 목표달성, 사랑, 의리, 우정, 극복, 백절불굴

Q06 내가 좋아하는 애장품과 그 이유는?

아버지가 나에게 준 우드 펜 : 내 이름이 잘못 새겨진 펜이다. 그 덕에 이 펜은 전 세계에서 딱 하나뿐인 펜이 되었다.

Q07 나의 강점 3가지는 무엇인가?

① 불굴 : 목표가 생기면 끝장을 볼 때까지 포기하지 않는다.
② 단결 : 공동의 목표를 향해 팀원들을 하나로 묶는다.
③ 창의 : 언제나 색다른 각도에서 사물을 관찰하고 상상한다.

Q08 나의 건강 루틴은 무엇인가?

쉴 때는 진짜 아무것도 안 하기

Q09 나의 관계 루틴은 무엇인가?
즉, 사람 관계를 맺는 나만의 철학은 무엇인가?

약속을 칼 같이 지키자.

Q10 나의 약점 2가지는 무엇인가?

① 한 번 에너지를 쏟으면 회복할 때까지 시간이 걸린다.
② 무리를 잘하는 편이다.

Q11 나의 자랑스러운 습관 2가지는 무엇인가?

① 목표가 생기면 부딪치고 본다.
② 하겠다 마음먹으면 끝까지 한다.

Q12 내가 꼭 보완하고 싶은 습관 2가지가 있다면 무엇인가?

① 시간을 일의 중요도에 맞게 할애하는 것
② 실패하고 나서 빠르게 털고 일어나는 것

Q13 내가 생각하는 행복의 정의는 무엇이고,
나는 어떨 때 행복한가?

① 행복이란? : 행복은 근처에 있다.
② 어떨 때 행복한가? : 나는 작은 일도 제대로 해내면 행복
해진다.

Q14 내 삶의 애로사항 2가지만 표현한다면?

① 무리를 잘한다.
② 순간순간의 기분에 잘 휘둘린다.

Q15 나를 한마디로 소개한다면?

평소에는 유순하지만 할 때는 하는 곰과 같은 사람

Q16 내가 원하는 삶의 모습은 어떤 모습일까?

아무리 어려운 환경에 처해도 남들에게 희망을 줄 수 있는
삶을 살고 싶다.

Q17 80살 때의 내 모습은?

80살에는 이어령 선생님처럼 말과 글로써 사람들에게 지혜
와 희망을 전달하는 사람이 되고 싶다.

Q18 《나만의 백과사전》이 나온다면 느낌이 어떨지, 어디에 활용할 것인지?

① 느낌 : 우선은 굉장히 쑥스러울 것 같다.
② 활용 : 백과사전에 적힌 내용에 어긋나는 일이 없도록 살아가겠다.

Q19 나를 살리는 펩톡, 2023년에 활용할 펩톡은?

나는 희망을 전달하는 사람이다.

Q20 지금까지 하루를 설렘으로 시작, 감사로 결실 만드는 삶을 실천하면서 자신만의 소감과 자신에게 해줄 칭찬은?

"시각을 조금만 틀면 뭐든지 설레고, 뭐든지 감사할 수 있다는 걸 느꼈습니다. 지금까지 열심히 살고 있는 자신에게 항상 감사하고 내일도 설렘으로 가득한 날을 보낼 수 있으리라 믿습니다."

나를 힘나게 한 기록

14

이복이의 백과사전

선한 영향력으로 타인성장을 이끄는 리더

- 공부한 내용

청주교육대학원 유아교육학 석사

교육 관련 다수의 자격증 보유(레크레이션 2급 지도자, 실기보육 교원

자격증, 유아마사지 2급 수료증, 보육교사 1급 자격증, 보육시설(일반)

자격증, 인성교육사 2급 자격증, 사회복지사 2급 자격증 등)

유치원 정교사 2급 교원자격증

하브루타 부모교육사 3급 자격증

데일 카네기 최고경영자 과정 대전 43기, 44기

데일 카네기 HIP 과정

데일 카네기 최고경영자 과정 대전 45기 코치

- 현재 하는 일
해맑은어린이집 대표

- 수상
청원군수상 : 어린이집 모범공로상

도지사상 : 어린이집 모범상

의장상 : 도시락 봉사상

데일 카네기 : 공로상

- 봉사한 일
월드비전 후원이사회 및 봉사

청주시 용암복지관 후원 및 도시락 봉사

청주청원경찰서 오창지구대 여성자율방범대원 봉사

데일 카네기 대전 43기 사무국장

민주평화통일 자문위원

청주청원 가정어린이집연합회 통합추진 위원

- 신문, 방송
해맑은어린이집, 월드비전 스토어 참여(동양일보, 2021.04.13 16:00)

Q01 내가 좋아하는 일은 무엇인가?

① 좋아하는 사람들과 소소한 이야기를 나누는 것
② 봉사
③ 자연경관 관찰
④ 아이와 함께 시간 보내기
⑤ 독서

Q02 내가 좋아하는 음식 3가지와 이유는?

① 닭발 : 매콤해서 기분을 좋게 한다.
② 해산물 요리(낙지,오징어,해초,전복) : 건강해지고 피로 회복
이 되는 느낌이 들어서 좋다.
③ 부침개 : 비오는 날 바삭하게 부쳐먹는 것을 좋아한다.

Q03 내가 싫어하는 일은?

언쟁, 비난, 비평, 불만 등 부정적인 것들

Q04 내가 가보고 싶은 여행지와 이유는?

우리나라 방방곡곡부터 시작해서 땅덩어리가 넓은 나라로
하나씩 가보고 싶다. 우리나라 지역도 각각의 특색이 있는
곳이 많지만, 아직 가보지 않은 곳이 너무 많다. 20대 때 중

국의 만리장성, 30대 때 러시아의 횡단열차를 경험하면서 좋은 분들과 함께 어려움을 극복했던 여행이 더 기억에 많이 남고 깊은 생각을 만들어 주어서 아직 가보지 않은 큰 나라순으로 가보고 싶다.

Q05 내가 좋아하는 단어 10가지는?

사랑, 행복, 자신감, 소통, 감사, 설렘, 최선, 열정, 리더, 순수

Q06 내가 좋아하는 애장품과 그 이유는?

수첩 : 내 삶의 기록이 담겨 있기 때문이다.

Q07 나의 강점 3가지는 무엇인가?

① 무한한 긍정
② 추진력
③ 남들한테 도움을 주고 싶은 선한 마음

Q08 나의 건강 루틴은 무엇인가?

① 운동(수영, 걷기)
② 긍정의 힘
③ 감사와 설렘

Q09 나의 관계 루틴은 무엇인가?
즉, 사람 관계를 맺는 나만의 철학은 무엇인가?

① 긍정적으로 생각하고 행동한다.
② 감사하는 마음을 가진다.
③ 순수한 마음으로 사람을 대한다.

Q10 나의 약점 2가지는 무엇인가?

① 성급함 ② 감정 기복

Q11 나의 자랑스러운 습관 2가지는 무엇인가?

① 긍정적 생각 ② 추진력

Q12 내가 꼭 보완하고 싶은 습관 2가지가 있다면 무엇인가?

① 여유있는 일 마무리 : 마음에 여유를 가지고 욕심내지 않고 일을 마무리하기
② 독서 : 고정적인 시간에 책 읽기

Q13 내가 생각하는 행복의 정의는 무엇이고,
나는 어떨 때 행복한가?

① 행복이란? : 내 삶
② 어떨 때 행복한가? : 내 몸과 마음이 평안할 때

Q14 내 삶의 애로사항 2가지만 표현한다면?

① 성격이 급한 것
② 하고 싶은 일이 많은 것

Q15 나를 한마디로 소개한다면?

순수한 관심을 가지고 사람을 대해 선한 영향력을 끼치는 사람

Q16 내가 원하는 삶의 모습은 어떤 모습일까?

사람들과 함께 소통하며 감사하는 삶

Q17 80살 때의 내 모습은?

넉넉히 베푸는 삶

Q18 《나만의 백과사전》이 나온다면 느낌이 어떨지, 어디에 활용할 것인지?

① 느낌 : 나에 대해 자세히 알게 되어서 신기할 것 같다.
② 활용 : 아직 살아가야 할 많이 남은 내 인생에 나침판이 될 것이다.

Q19 나를 살리는 펩톡, 2023년에 활용할 펩톡은?

① 나는 매일매일 성장한다.
② 나는 타인에게 선한 영향력을 준다.

Q20 지금까지 하루를 설렘으로 시작, 감사로 결실 만드는 삶을 실천하면서 자신만의 소감과 자신에게 해줄 칭찬은?

설시감결 1280일 차가 넘었고 무엇보다 감사일기를 습관화하는 것은 매우 삶에 도움이 된다고 생각한다. "이복이! 참으로 잘했다" 하고 칭찬하고 싶다.

#원우님이 바라본 이복이의 강점 두 가지

1. 이태성 : 도전, 저력	7. 오숙영 : 태양, 미소
2. 정 인 : 미소, 열정	8. 김준하 : 열정, 끈기
3. 박옥남 : 긍정, 끈기	9. 차현미 : 섬김, 사랑
4. 박영미 : 착함, 최선·최고	10. 장주동 : 애교, 쾌활함
5. 김종숙 : 열정, 밝음	11. 윤정자 : 밝음, 열정
6. 박미경 : 멋쟁이, 열정	12. 정선영 : 열정, 멋짐

나를 힘나게 한 기록

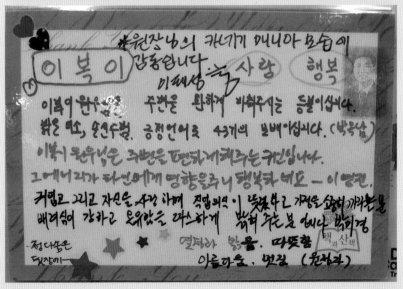

15

박미경의 백과사전

함께하는 행복과 나눔의 삶

- 공부한 내용

건양대학교 보건학과 석사

데일 카네기 최고경영자 과정 대전 43기

데일 카네기 최고경영자 과정 대전 44기 코치

- 현재 하는 일

유성구청 건강정책과 건강도시팀 팀장

국민보험공단 노인장기요양보험 등급판정위원회 위원

대전 보건간호사협회 임원

- 수상

보건간호사회(대한간호협회) 장학금

국민보험공단(대전세종충청지역본부) 감사패

국외 공모 연수(미 동부), 군수, 도지사, 시장, 보건복지부장관상

- 봉사한 일

대전 새생명교회 여전도회장

대전 직장선교연합회 임원

Q01 내가 좋아하는 일은 무엇인가?

① 예배 드림, 기도, 봉사   ② 산책, 등산

③ 여행   ④ 독서 및 매일 감사 정리

Q02 내가 좋아하는 음식 3가지와 이유는?

① 된장국 : 위장이 시원하고 깔끔하다.

② 부침개 : 고소하고 맛나다.

③ 수제비 : 멸치국물과 수제비가 잘 어울려 별미로 자주 해
먹는다.

Q03 내가 싫어하는 일은?

① 거짓말 : 큰 죄악이다.

② 약속을 경시하는 것 : 신뢰성이 없다.

③ 비난, 비판, 불평하는 사람 : 가까이하고 싶지 않다.

Q04 내가 가보고 싶은 여행지와 이유는?

페루. 페루 쿠스코의 북서쪽 잉카 유적지(마추픽추) : 고대 안데
스 잉카문명의 중심지로 태양숭배와 황금으로 유명하고 전
설적인 수많은 이야기가 얽혀 있는 곳, 석재 건축기술 등 쉽게
갈 수 없는 곳이기에 가보고 싶은 마음이 간절하다. 직항이 생
기면 가보고 싶다.

Q05 내가 좋아하는 단어 10가지는?

승리, 감사, 자족, 겸손, 열정, 배려, 기도, 청결, 믿음, 신뢰

Q06 내가 좋아하는 애장품과 그 이유는?

① 성경책 : 내 삶의 지침서
② 권사 취임패(2007.5.20.) : 15년 전 권사취임 예배의 감격이
   생각난다.

Q07 나의 강점 3가지는 무엇인가?

처음 만나도 편안해서 좋다는 말을 많이 듣는다. 이 강점을 더
살리고 싶다.
① 우호적 ② 편안함 ③ 친근함

Q08 나의 건강 루틴은 무엇인가?

① 과식하지 않기(세 끼 거르지 않음)
② 충분한 수면
③ 스트레스 조절 및 주 4회 만보 걷기

Q09 나의 관계 루틴은 무엇인가?
즉, 사람 관계를 맺는 나만의 철학은 무엇인가?

① 만남을 소중히 여긴다.
② 사람을 사랑하고 좋아하는 편이다.

Q10 나의 약점 2가지는 무엇인가?

① 다른 사람 부탁에 거절을 못한다. : 신중히 검토해서 어느 부분까지는 수용하고 정말 이해 안 되는 부분은 정중하게 거절해야 하는데 그런 부분이 미약하다.

② 정리정돈을 못한다. : 5S원칙(정리, 정돈, 청소, 청결, 습관화)을 적용하지 못한다. 특히 잘 못 버리고, 구입하는 것을 좋아한다.

Q11 나의 자랑스러운 습관 2가지는 무엇인가?

① 메모(기록) : 2007년부터 일상의 소소한 일들을 기록해왔다. 예전에 일어났던 일이 생각나지 않을 때 기록한 노트를 펴보면 알 수 있다.

② 아침에 일어나면 양치소금으로 이를 닦는다. : 현재까지 이를 때우거나 신경치료 등 치과 치료를 받지 않았을 만큼 건치를 유지하고 있다.

Q12 내가 꼭 보완하고 싶은 습관 2가지가 있다면 무엇인가?

하나님 영광 돌리는 습관과 이웃사랑을 실천하는 습관

Q13 내가 생각하는 행복의 정의는 무엇이고,
나는 어떨 때 행복한가?

① 행복이란? : 일상 삶에서 소소하게 느끼는 만족감과 성취감

② 어떨 때 행복한가? : 맛난 음식을 먹을 때, 산책 길에 예쁜 꽃을 볼 때, 따스한 커피가 가슴으로 스며들 때, 특히 하나님 말씀이 각인될 때 행복하다.

Q14 내 삶의 애로사항 2가지만 표현한다면?

① 내려놓음의 부족 : 선한 욕심이 많다.
② 겸손한 태도 실천의 부족 : 성격이 급하다 보니 상대방의 오해 소지가 있다.

Q15 나를 한마디로 소개한다면?

선한 영향력을 끼치려고 노력하는 사람이다.

Q16 내가 원하는 삶의 모습은 어떤 모습일까?

하나님께 영광을 돌리며 이웃사랑을 실천하는 삶

Q17 80살 때의 내 모습은?

① 우리 집을 행복 카페로 만들어 사람들이 찾아오면 편히 쉬고, 힐링을 찾을 수 있는 곳으로 만들겠다.
② 경로당 회장 또는 총무로 역할을 하고 싶다.

Q18 《나만의 백과사전》이 나온다면 느낌이 어떨지, 어디에 활용할 것인지?

① 느낌 : 너무 뿌듯하고 기쁘며 행복하다. 나의 귀중한 소장품이 될 것이다.

② 활용 : 자녀, 손자들, 남매들, 나를 특별히 사랑하는 사람들에게 보여주면서 그들도 만들어 보도록 하겠다. 수시로 펼쳐보면서 나를 더 진전시키겠다.

Q19 나를 살리는 펩톡, 2023년에 활용할 펩톡은?

나는 매 순간 감사하며 나눔을 좋아하고, 배우기를 좋아하는 사람이다.

Q20 지금까지 하루를 설렘으로 시작, 감사로 결실 만드는 삶을 실천하면서 자신만의 소감과 자신에게 해줄 칭찬은?

설시감결을 글로 표현하면서 감사를 찾게 되었고, 긍정의 에너지가 나와서 나도 행복했고, 특히 가족들도 행복하게 바뀌었다.

박미경에게는 "소중하고 존귀한 자이다. 행복으로 꽉 차서 넘쳐 흘러 나온다"라고 말해주겠다.

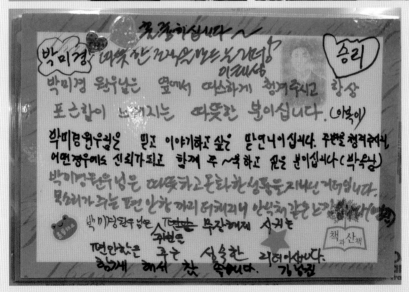

16

현해란의 백과사전

매 순간을 즐겁게 살며
감사함을 아는것이
시간을
낭비하지 않는것이다

현재에 항상 감사하며

해처럼 주변을 밝게 비추는 난초 같은 리더

- 공부한 내용

초당대학교 간호학 석사(보건교사, 간호사)

대전 충남대학교병원 정신전문간호사 수련(정신건강간호사 1급)

세종대학교 행정대학원 사회복지학 석사(사회복지사 1급)

데일 카네기 최고경영자 과정 대전 43기

데일 카네기 HIP 과정

- 현재 하는 일

세종학생정신건강센터 부센터장

- 경력

천안의료원

양천구 정신건강복지센터(우울자살예방팀장)

을지대학교병원(생명사랑위기대응팀)

Q01 내가 좋아하는 일은 무엇인가?

봉사 : 아프고 외로운 사람과 나누는 일에 기쁨이 있다.

Q02 내가 좋아하는 음식 3가지와 이유는?

① 커피 : 정신이 맑아진다.

② 닭요리 : 소화가 잘 되고 단백질 섭취에 좋다.

③ 블루베리 : 요거트와 함께 간식으로 먹으면 장과 눈과 입
이 좋아한다.

Q03 내가 싫어하는 일은?

나만이 알고 있는 양심을 벗어난 모든 행동

Q04 내가 가보고 싶은 여행지와 이유는?

피지 : 지상낙원이라고 불리는 장소. 선선한 날씨, 행복지수가
가장 높다는 곳. 아무 방해받지 않고 프라이빗한 시간을 즐기
고 싶다.

Q05 내가 좋아하는 단어 10가지는?

사랑, 희락, 화평, 오래 참음, 자비, 양선, 충성, 온유, 절제, 믿음

Q06 내가 좋아하는 애장품과 그 이유는?

성경책 : 날마다 하나님을 알아가는 즐거움을 주며, 하나님의 선하시고 기뻐하신 뜻을 깨달아 실천함으로 삶의 길이 된다.

Q07 나의 강점 3가지는 무엇인가?

① 분명한 삶의 가치관과 의미를 가지고 있다.
② 하나님과 이웃 그리고 나 스스로와 관계가 좋다.
③ 신체적, 정신적, 사회적, 영적으로 건강하다.

Q08 나의 건강 루틴은 무엇인가?

① 감사한 마음으로 탄단지(탄수화물, 단백질, 지방) 비율을 맞추어 식사한다.
② 아침과 저녁 기도와 묵상
③ 질 좋은 수면과 적정한 운동을 꾸준히 지속하는 것

Q09 나의 관계 루틴은 무엇인가?
즉, 사람 관계를 맺는 나만의 철학은 무엇인가?

① 모든 사람은 가치 있다고 여긴다.
② 모든 만남에는 이유가 있다고 여기며 소중하게 여긴다.
③ 부러운 사람, 미워하는 사람이 없다.

Q10 나의 약점 2가지는 무엇인가?

① 너무 여유를 부린다. : 예전에는 기차를 놓치거나, 여유를 부리다가 갑자기 일이 생기면 한 번에 여러 가지 일을 해야 하는 상황이 되어 많은 시간이 소요된 적이 있다.

② 스스로 지친 것을 인식하지 못하고 여러 가지 일을 즐겁게 한다. 즐겁게 하기에 스트레스는 없지만, 몸이 지쳤다고 느끼는 순간은 심하게 아프다.

Q11 나의 자랑스러운 습관 2가지는 무엇인가?

① 삶의 가치관이 분명하다.

② 스트레스를 긍정적으로 여긴다.

Q12 내가 꼭 보완하고 싶은 습관 2가지가 있다면 무엇인가?

① 요가를 다시 시작하고 싶다.

② 정리정돈을 미루지 않았으면 좋겠다.

Q13 내가 생각하는 행복의 정의는 무엇이고, 나는 어떨 때 행복한가?

① 행복이란? : 성경이나 상황을 통해 하나님의 마음이 깨달아지는 것

② 어떨 때 행복한가? : 깨달아진 생각이 삶이 될 때

Q14 내 삶의 애로사항 2가지만 표현한다면?

평소 모든 일은 좋은 일이든지, 나쁜 일이든지 일어날 만하다고 여긴다. "왜 이런 일이 일어났을까?"라고 걱정하거나 불안해하지 않고, "그럼 앞으로 어떻게 하면 좋을까?"라고 생각하며 잘될 것이라고 기대하기에 애로사항이 있다고 여기지 않는다.

Q15 나를 한마디로 소개한다면?

나는 그리스도인이다.

Q16 내가 원하는 삶의 모습은 어떤 모습일까?

모든 순간 감사하며 사랑이 더 깊어지고 확장되어가는 삶

Q17 80살 때의 내 모습은?

가난하고 외롭고 병든 이웃과 함께 한다.

Q18 《나만의 백과사전》이 나온다면 느낌이 어떨지, 어디에 활용할 것인지?

꾸준하고 성실하게 감사하고 설레며 살아가는 나를 칭찬하고 싶다. 객관적으로 나를 보고 다른 사람들과 공유하며 다른 사람들의 생각도 들어보고 싶다.

나를 살리는 펩톡, 2023년에 활용할 펩톡은?

① 나는 사람을 살리는 사람이다. : 내 안에 예수님의 생명이 있
　　으니까.

② 나는 협력하여 선한 결과를 창출하는 사람이다. : 내 안의 믿
　　음 따라 살아가니까.

③ 나는 항상 기쁘고 기도하고 감사하는 사람이다. : 하나님의
　　명령대로 사는 사람이니까.

 지금까지 하루를 설렘으로 시작, 감사로 결실 만드는 삶
을 실천하면서 자신만의 소감과 자신에게 해줄 칭찬은?

나에게 순수한 관심을 가지게 되었고, 나의 삶에 대한 태도
와 관점을 구체적으로 나누고 나 니 마음이 더 든든하고 뿌
리가 깊어진 것 같다.

"해란아! '잘하고 있어'. 하나님 부르시는 그날까지 생일같
이 주어진 하루하루를 선물같이 소중히 여기며 감사하게
살아가는 너를 기뻐하고 사랑해."

나를 힘나게 한 기록

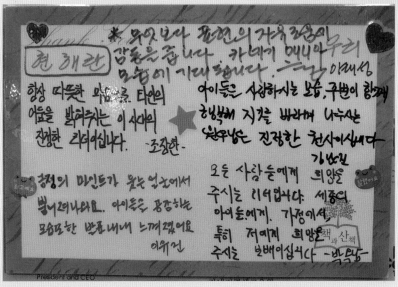

17

김진석의 백과사전

준비한 자만이 성취한다

- 공부한 내용

건양대학교 보건복지 대학원 보건학과 석사 과정

데일 카네기 최고경영자 과정 대전 43기

- 현재 하는 일

대전 충남 간호조무사회 회장

초 · 중 · 고등학교 흡연예방, 성폭력예방 강사

- 수상

보건복지부장관상

학교법인 혜화학원 총장 표창장

- 경력

대전대학교 부속 한방병원 근무

은혜요양병원 근무

Q01 내가 좋아하는 일은 무엇인가?

환자를 케어하고 우리 회원들과 소통을 나누면서 같이 성장하는 것

Q02 내가 좋아하는 음식 3가지와 이유는?

① 김치찌개 : 육식과 채식을 한 번에 먹을 수 있고, 가장 잘 요리하는 음식이다.
② 삼겹살 : 너무 맛있고 소주와 같이 잘 어울려서 좋다.
③ 유산슬 : 부드럽고 여러 가지 영양가를 골고루 섭취할 수 있는 중국요리다.

Q03 내가 싫어하는 일은?

뻔한 변명하고 거짓말을 하는 것

Q04 내가 가보고 싶은 여행지와 이유는?

뉴욕 : 세계에서 가장 번화한 곳이고, 하버드대학교도 가보고 싶다.

Q05 내가 좋아하는 단어 10가지는?

인연, 준비, 성공, 당당함, 감사, 행복, 자신감, 간호조무사, 친근감, 가족

Q06 내가 좋아하는 애장품과 그 이유는?

엄마 사진 : 나를 너무나 사랑해 주시고 자식들을 위해 헌신
하신 분

Q07 나의 강점 3가지는 무엇인가?

① 성실성 : 어디에서나 최선을 다한다.
② 초긍정적으로 생각하며 살려고 한다.
③ 도전을 잘한다.

Q08 나의 건강 루틴은 무엇인가?

① 잠을 잘 잔다.
② 음식을 잘 먹는다.
③ 산책을 한다.

Q09 나의 관계 루틴은 무엇인가?
즉, 사람 관계를 맺는 나만의 철학은 무엇인가?

① 말을 아끼고 조심해서 한다.
② 항상 좋은 생각을 한다.

Q10 나의 약점 2가지는 무엇인가?

① 우유부단해서 거절을 잘 못한다.
② 정리정돈을 잘 못하고, 잠이 너무 많다.

Q11 나의 자랑스러운 습관 2가지는 무엇인가?

① 공감을 잘 한다.
② 약속을 잘 지킨다.

Q12 내가 꼭 보완하고 싶은 습관 2가지가 있다면 무엇인가?

① 오래 앉아서 집중하면서 공부하고 싶다.
② 꾸준함이 부족하다.

Q13 내가 생각하는 행복의 정의는 무엇이고,
나는 어떨 때 행복한가?

내가 원하는 것을 성취했을 때, 특히 가족이 샤워를 하면서 휘파람 불면서 노래하는 것을 들을 때 행복하다.

Q14 내 삶의 애로사항 2가지만 표현한다면?

① 귀가 얇고 남을 말을 잘 믿는다. 그래서 손해도 많이 본다.
② 의욕만 앞설 때가 많다.

Q15 나를 한마디로 소개한다면?

대기만성, 나이를 불문하고 배우려고 하는 사람

Q16 내가 원하는 삶의 모습은 어떤 모습일까?

자유롭게, 어떤 것에도 구애받지 않고 멋지게 살고 싶다.

Q17 80살 때의 내 모습은?

건강하게 살면서 밭에서 일하는 모습

Q18 《나만의 백과사전》이 나온다면 느낌이 어떨지, 어디에 활용할 것인지?

① 느낌 : 마음이 아주 뿌듯하고, 또 다른 글을 쓰고 있을 것 같다.

② 활용 : 내 인생에 이렇게 좋을 수가!

Q19 나를 살리는 펩톡, 2023년에 활용할 펩톡은?

① 나는 항상 재미있게 산다.

② 나의 주변에는 나를 도와주는 능력있는 사람이 많다.

③ 나는 하고자 하는 일은 꼭 한다.

④ 나는 항상 미소짓는 사람이다.

Q20 지금까지 하루를 설렘으로 시작, 감사로 결실 만드는 삶을 실천하면서 자신만의 소감과 자신에게 해줄 칭찬은?

"김진석! 아주 잘하고 있고, 앞으로도 설시감결로 많은 성장이 있을 거야. 앞으로도 지금까지 한 것 같이 잘하자!"

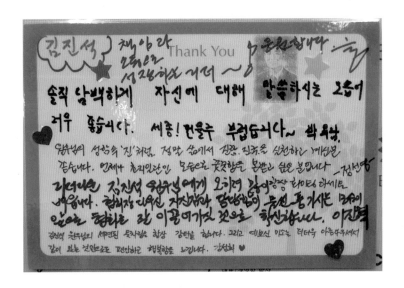

나를 힘나게 한 기록

18

정선영의 백과사전

선한 영향력으로 주변을 밝히는 리더

- 공부한 내용

강원대학교 교육대학원 석사

데일 카네기 최고경영자 과정 대전 43기, 44기

- 현재 하는 일

세종특별자치시 교육청 공립 해들유치원 원감

- 수상

인성교육실천사례 연구발표 전국대회 수상, 2004

유아교육발전유공 부총리 겸 교육부장관상 수상, 2021

- 자기계발, 논문

음악줄넘기 지도사 2급 / 사단법인 대한검도회 초단

<프로젝트 접근법을 활용한 유아들의 사고력 증진 연구>

Q01 내가 좋아하는 일은 무엇인가?

① 남편과 함께 산책하며 서로의 생각을 공유하는 것
② 밤에 자녀에게 책 읽어주기
③ 도서관에 궁금한 주제 정해 관련 책을 한꺼번에 보는 것
④ 서점의 신간 책
⑤ 가족과 함께 갑자기 떠나는 여행
⑥ 암벽등반, 스키, 패들보드 등 흥미진진한 운동을 하는 것

Q02 내가 좋아하는 음식 3가지와 이유는?

① 사과 : 새콤달콤 맛있으며 피부가 좋아지는 느낌이 든다.
② 진흙 오리구이 : 영양가가 높고 향이 좋아 생각만 해도
   기분이 좋아진다. 강원도 횡성에 유명한 진흙 오리구이
   집이 떠오른다.
③ 장어 : 맛있고 건강해지는 느낌이 든다.

Q03 내가 싫어하는 일은?

① 계획 없는 하루에 늦잠까지 잔 날
② 내가 스스로 무의미하게 보냈다고 생각되는 시점의 나
③ 언쟁(생각의 차이가 있을 뿐이다)

Q04 내가 가보고 싶은 여행지와 이유는?

① 가이드 없이 유럽여행을 떠나 나만의 여행 지도를 그리고 싶다.
② 이스라엘 : 하브루타 교육 장소 및 가정을 방문해서 실제
    그들의 토론식 수업 실상을 보고 싶다.
③ 독일 : 발도르프 교육 현장을 보고 싶다.

Q05 내가 좋아하는 단어 10가지는?

사랑, 행복, 여행, 함께, 희망, 목표, 성취, 경청, 소통, 열정

Q06 내가 좋아하는 애장품과 그 이유는?

오래된 지폐와 자녀가 태어나던 날 인쇄된 신문 : 오래된 지
폐는 부모님이 나를 생각하며 모 아 두신 것이며, 내 자녀가
태어나던 해에 소식을 전하고자 당일 신문을 모아 주신 것
이라 의미가 있고, 소중하다.

Q07 나의 강점 3가지는 무엇인가?

① 사교성 : 새로운 관계 형성 시 먼저 다가가는 편이다.
② 편안함 : 내가 먼저 마음을 열고 다가가는 편으로 상대를 배
    려하려고 노력한다.
③ 낙관적 : 아무리 좋지 않은 상황 속에서도 좋은 점을 찾아
    긍정적으로 생각하려고 노력한다.

Q08 나의 건강 루틴은 무엇인가?

① 오늘은 새로운 선물이고 나의 하루는 뿌듯하며 행복하다.
② 내가 생각하는 것은 무엇이든 이룰 수 있다.
③ 나는 소중하며 매일 성장한다.

Q09 나의 관계 루틴은 무엇인가?
즉, 사람 관계를 맺는 나만의 철학은 무엇인가?

① 상대방의 입장을 생각하며 대화하는 편이다.
② 나와 긍정적인 관계로 맺어진 사람과는 10년 이상 오래
　 가는 편이다.

Q10 나의 약점 2가지는 무엇인가?

① 나의 신체와 정신이 움직여야 살아있다는 느낌이 든다.
　 아무것도 하지 않는 멍한 상태를 싫어 한다.
② 나의 가족과 주변 사람이 의미 없이 시간을 낭비하는 것
　 을 보는 것이 힘들다.

Q11 나의 자랑스러운 습관 2가지는 무엇인가?

① 대인관계가 좋다(관계의 지속성이 있다).
② 목표를 정하면 이루기 위해 노력하며 결국 이루고 만다.

Q12 내가 꼭 보완하고 싶은 습관 2가지가 있다면 무엇인가?

① 내 자녀와 남편의 말을 제대로 경청하기
② 격하게 공감하기 및 정리정돈

Q13 내가 생각하는 행복의 정의는 무엇이고,
나는 어떨 때 행복한가?

① 행복이란? : 내 마음이 편안하고 기쁜 것이 아닌가 싶다.
② 어떨 때 행복한가? : 내가 원하는 것들을 하고 싶을 때 마음
  껏 할 수 있는 것도 나만의 행복 포인트다.

Q14 내 삶의 애로사항 2가지만 표현한다면?

① 사춘기의 자녀를 교육하는 것이 너무 힘들다.
② 남편의 생각이 어떨지 항상 고민하는 것이 어렵다.

Q15 나를 한마디로 소개한다면?

나는 투명하고 진솔하며 멘탈이 아주 강한 사람이다.

Q16 내가 원하는 삶의 모습은 어떤 모습일까?

① 자녀 문제로 고민하는 사람들에게 상담자(멘토)가 되어
  주는 것
② 나의 달란트를 활용해 주변에 베풀 수 있는 삶을 사는 나

Q17 80살 때의 내 모습은?

지인들과 건강한 여행을 즐기고 있고, 심리적 어려움이 있는 사람들을 여전히 돕고 있을 것이다. 투자 사업을 여전히 잘해서 금전적 안정과 정신적 편안함을 즐기고 있다.

Q18 《나만의 백과사전》이 나온다면 느낌이 어떨지, 어디에 활용할 것인지?

① 느낌 : 백과사전에 쓴 내 생각을 나 자신에게 심어, 내가 힘들고 어려울 때 꺼내 보겠다.
② 활용 : 심리적 어려움을 겪고 있는 사람에게 문제가 해결될 때 즈음 백과사전을 보여주며 자신의 장기적 멘토는 자신이라는 것을 이야기해주겠다.

Q19 나를 살리는 펩톡, 2023년에 활용할 펩톡은?

① 나는 잘하고 있다.
② 오늘은 새로운 선물이고 나의 하루는 뿌듯하며 행복하다. 매일 성장한다.

Q20 지금까지 하루를 설렘으로 시작, 감사로 결실 만드는 삶을 실천하면서 자신만의 소감과 자신에게 해줄 칭찬은?

설시감결하면서 나의 하루를 돌아보고 설레는 일들을 만들어가는 나에게 행복감을 느끼며 감사하다.
"하루하루가 때로는 힘들 때도 있지만, 그 속에서 감사함을 찾고 있는 선영이를 응원해!"

원우님이 바라본 정선영의 강점 두 가지

1. 장주동 : 정성, 끈기
2. 이태성 : 프로, 세련
3. 박옥남 : 집념, 사랑
4. 김준하 : 열정, 긍정
5. 이복이 : 끈기, 사랑
6. 차현미 : 도전, 당당함
7. 윤정자 : 사랑, 긍정
8. 정　　인 : 노력, 인내
9. 오숙영 : 최선, 책임감
10. 배이정 : 끈기, 열정
11. 박미경 : 당당함, 포용력
12. 김도훈 : 자상함, 추진력
13. 박영미 : 끈기, 인내
14. 박은정 : 담대함, 용기

나를 힘나게 한 기록

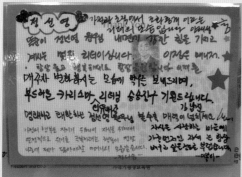

19

임상철의 백과사전

늘 감사하며 살자

- 공부한 내용

보건과학대 창업경영 전공

데일 카네기 최고경영자 과정 대전 44기

데일 카네기 HIP 과정

- 현재 하는 일

(사)한국과수민간육종가협회 회장

충림과수묘목영농조합 법인회장

신지식농업인장(농림부장관)

한국농수산대학 현장교수

지역품목실습장 현장실습교수(농식품부장관)

청주흥덕경찰서 경찰발전위원회 위원장, 고문

(사)한국변론학술연구회 충북 자문위원장

- 수상

과수분야 산업포장 수상(대통령상)

농림부장관상(유공표창)

행정안전부장관상(감사장)

제4회 대한민국 우수품종상 장관상 수상

제8회 대한민국 우수품종상 국무총리상 수상

한국원예학회 원예공로상

Q01 내가 좋아하는 일은 무엇인가?

여행하며 영화 보는 것

Q02 내가 좋아하는 음식 3가지와 이유는?

① 커피 : 차량 운행 시 졸음을 쫓기 위해 필요하다.
② 야채 : 건강을 위해서 즐겨 먹는다.
③ 고기와 생선 : 단백질 섭취를 위해 챙겨 먹는다.

Q03 내가 싫어하는 일은?

거짓말하는 것

Q04 내가 가보고 싶은 여행지와 이유는?

유럽 : 여러 번 가서 봐도 늘 새롭기 때문에 또 가보고 싶다.

Q05 내가 좋아하는 단어 10가지는?

도전, 노력, 실천, 의리, 성취감, 성장, 열정, 인내, 겸손, 자신감

Q06 내가 좋아하는 애장품과 그 이유는?

수상 당시 사진 : 수상한 기록이 담겨 있어 볼 때마다 삶에
용기를 북돋워 주기 때문이다.

Q07 나의 강점 3가지는 무엇인가?

① 도전
② 집념
③ 노력과 사교성

Q08 나의 건강 루틴은 무엇인가?

① 건강에 좋은 음식을 먹고 운동을 한다.
② 걷기 운동을 30분씩 주 5회 실시한다.

Q09 나의 관계 루틴은 무엇인가?
즉, 사람 관계를 맺는 나만의 철학은 무엇인가?

포용하며 감싸는 관계를 유지한다.

Q10 나의 약점 2가지는 무엇인가?

① 거절을 못한다.
② 글쓰기

Q11 나의 자랑스러운 습관 2가지는 무엇인가?

① 여행 : 유럽을 31회나 다녀 왔을 정도로 여행을 잘 간다.
② 남 도와주기

Q12 내가 꼭 보완하고 싶은 습관 2가지가 있다면 무엇인가?

① 발표, 인사말, 축사 잘하기
② 후배 양성하기

Q13 내가 생각하는 행복의 정의는 무엇이고,
나는 어떨 때 행복한가?

남을 도와줄 때와 여행할 때 행복을 느낀다.

Q14 내 삶의 애로사항 2가지만 표현한다면?

① 인간 관계
② 거절을 못하는 것

Q15 나를 한마디로 소개한다면?

남과 더불어 함께 성장하는 사람

Q16 내가 원하는 삶의 모습은 어떤 모습일까?

어려운 사람에게 희망을 주고 여행을 통해 나를 가꾸는 삶

Q17 80살 때의 내 모습은?

나의 경험을 전달하며 도움이 필요한 사람들을 돕고 함께 고민하며 풀어가는 모습

Q18 《나만의 백과사전》이 나온다면 느낌이 어떨지, 어디에 활용할 것인지?

지인에게 나누어 주며 내 삶의 모습을 공유한다.

Q19 나를 살리는 펩톡, 2023년에 활용할 펩톡은?

① 나는 긍정적이다.
② 나는 최선을 다하는 사람이다.
③ 나는 끊임없이 도전하고 노력하는 사람이다.

Q20 지금까지 하루를 설렘으로 시작, 감사로 결실 만드는 삶을 실천하면서 자신만의 소감과 자신에게 해줄 칭찬은?

"어떠한 상황에서도 나는 잘해왔어. 임상철 파이팅!"

#원우님이 바라본 임상철의 강점 두 가지

1. 이태성 : 품격, 일에 대한 열정
2. 박미경 : 포기하지 않음, 배려
3. 김종숙 : 열정, 도전
4. 박옥남 : 끈기, 전문가
5. 이복이 : 전문가, 배려
6. 오숙영 : 열정, 따스함
7. 정선영 : 성실, 실천
8. 박은정 : 경륜, 담대함
9. 명정희 : 도전, 열정
10. 김준하 : 품위, 도전
11. 박영미 : 실천, 도전
12. 장주동 : 우직함, 진보
13. 차현미 : 강직함, 열정
14. 정　인 : 신중함, 멋쟁이
15. 박재형 : 열정 도전
16. 윤정자 : 겸손, 끈기

나를 힘나게 한 기록

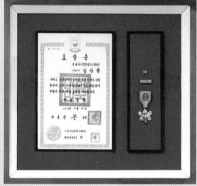

20

황성애의 백과사전

"머무는 곳마다 주인이 되어라"

- 공부한 내용

　　건양대학교 경영행정대학원 사회복지학과 석사

　　크리스토퍼리더십 강사 자격증

　　백두현리더십 과정 수료

　　심리상담사 1급

　　웃음치료사 1급

　　시낭송치료사 2급

　　복지레크레이션지도사 2급

- 현재 하는 일

　　MG우성새마을금고 상무

　　MG새마을금고중앙회 트레이너 강사

- 수상

　　MG새마을금고 중앙회장 표창 5회

　　MG새마을금고 공제연도 대상 11년(연속수상)

　　MG새마을금고 공제연도 대상, 2008

　　논산시장 봉사상

　　행자부장관 표창

Q01 내가 좋아하는 일은 무엇인가?

① 대화가 통하는 좋은 사람들과 함께 하는 신나는 여행
② 날마다 규칙적인 운동으로 건강 관리
③ 좋은 사람들 만나 함께 맛있는 음식 먹고 차를 마시는 일

Q02 내가 좋아하는 음식 3가지와 이유는?

① 된장국 : 소화가 잘된다.
② 김치찌개 : 매콤한 맛이 좋다.
③ 치즈피자 : 맛있고 든든하다.

Q03 내가 싫어하는 일은?

① 부정적인 생각
② 미적미적 되는 일 처리
③ 지키지 않는 약속

Q04 내가 가보고 싶은 여행지와 이유는?

아프리카 : 여행의 대미라 할 수 있는 아프리카. 코로나19가 종식되면 꼭 한 번 가보고 싶다. 정글의 왕 사자도 만나보고, 하쿠나 마타타!

Q05 내가 좋아하는 단어 10가지는?

사랑, 감사, 가족, 행복, 여행, 나눔, 봉사, 성장, 소통, 소확행

Q06 내가 좋아하는 애장품과 그 이유는?

핸드폰 : 감사일기와 함께 여행과 일상에서 담은 수많은 사진과 좋은 글들이 오롯이 담겨 있기 때문이다.

Q07 나의 강점 3가지는 무엇인가?

① 긍정 마인드 ② 열정 ③ 매력적인 친근감

Q08 나의 건강 루틴은 무엇인가?

① 규칙적인 운동 : 맨발 걷기(이태성 지사장님 조언), 등산, 자전 거 타기, 골프 등
② '하면 된다'라는 자신감과 긍정적인 마인드

Q09 나의 관계 루틴은 무엇인가?
즉, 사람 관계를 맺는 나만의 철학은 무엇인가?

① 인간관계 황금률을 생각하면서 대접받고 싶은 만큼 대접하려고 노력한다.
② 만나는 사람의 장점을 기억하며 자주 연락을 하며 함께 하려고 노력한다.
③ 내가 먼저 좋은 사람이 되려고 한다.

Q10 나의 약점 2가지는 무엇인가?

① 대범한 듯하면서도 소심하다.
② 일에 대한 욕심(조금씩 내려놓으려 하는데 어렵다)
③ 늦잠

Q11 나의 자랑스러운 습관 2가지는 무엇인가?

① 틈새 시간을 활용한 꾸준한 운동
② 성실한 노력하는 습관

Q12 내가 꼭 보완하고 싶은 습관 2가지가 있다면 무엇인가?

① 일할 때는 누구보다 열심히 하고, 시간 될 때마다 보고
   싶은 사람 만나서 먹고 싶은 것 먹기
② 가고 싶은 곳을 좋아하는 사람들과 함께 여행하면서 살
   아가기

Q13 내가 생각하는 행복의 정의는 무엇이고,
나는 어떨 때 행복한가?

① 행복이란? : 소확행
② 어떨 때 행복한가? : 나에게 주어진 모든 시간을 선물이라
   생각하고 감사하며 살아가는 것이 최고의 행복이라고 생각
   한다.

Q14 내 삶의 애로사항 2가지만 표현한다면?

① 건강 염려(가족력)
② 하고 싶은 일들 많은데 시간이 부족하다는 것

Q15 나를 한마디로 소개한다면?

수처작주 입처개진(隨處作主 立處皆眞), 머무는 곳마다 주인이
되어라.

Q16 내가 원하는 삶의 모습은 어떤 모습일까?

완전히 퇴직하면 소통되는 좋은 사람들과 함께 배낭 하나
둘러메고 세계 곳곳을 여행하기(60여 개국 여행 100곳 여행하기,
버킷리스트)

Q17 80살 때의 내 모습은?

열심히 살아왔던 지난날을 회상하며 내 인생 이야기를 담
담하게 글로 써서 작은 나만의 책도 만들어 보겠다. 그동안
모아온 멋진 사진들로 아마추어 사진전도 열어보고, 예쁜
꽃들이 있는 조그마한 시골집에서 여유로운 노후를 좋은
친구들과 함께하고 있을 듯하다.

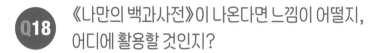

Q18 《나만의 백과사전》이 나온다면 느낌이 어떨지, 어디에 활용할 것인지?

① 느낌 : 꿈은 이루어진다.
② 활용 : 아들과 딸, 손자, 손녀와 나를 사랑하는 지인들에게 자랑하며 그들도 자기만의 백과사전을 만들어 보라고 권유하고 싶다.

Q19 나를 살리는 펩톡, 2023년에 활용할 펩톡은?

① 살아가면서 힘든 일이 많아도 매 순간순간 감사하며 이겨내자.
② 무엇이든 배우려고 노력하는 사람이 되자.
③ 성실하게 하루하루 시간을 소중하게 최선을 다하자.

Q20 지금까지 하루를 설렘으로 시작, 감사로 결실 만드는 삶을 실천하면서 자신만의 소감과 자신에게 해줄 칭찬은?

"토닥토닥, 황성애는 최고로 매력 있고 멋진 여자다. 매일 아침 오늘 2002년 8월 12일까지 458일 차 설시감결의 시간 가지면서 감사하는 삶을 살게 해주신 이태성 지사장님께 진심으로 깊은 감사를 드립니다. 고맙습니다. 감사합니다. 그리고 사랑합니다. 늘 건강이 최고란 걸 잊지 마세요."

나를 힘나게 한 기록

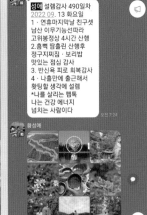

21

손기연의 백과사전

늘 새로운 하루

21

- **공부한 내용**

건양대학교 보건학 석사

충남대학교 간호학 박사 수료

- **현재 하는 일**

대전보건대학교 간호학과 겸임교수

우송정보대학교 병원행정학과 외래교수

건양대학교 의과대학 예방의학교실 선임연구원

- **수상**

질병관리본부 청장상 수상

대전광역시 시장상 수상

- **경력**

파티마병원 간호사

오정성모의원 간호과장

금산군보건소 근무

흡연예방 강사

Q01 내가 좋아하는 일은 무엇인가?

늘 새로운 하루를 시작하고, 사람들과의 소통하는 것을 좋아한다.

Q02 내가 좋아하는 음식 3가지와 이유는?

① 깻잎김치 : 발효식품이라서 건강에도 좋고, 향도 좋다.
② 삼계탕 : 나를 건강하게 해주는 보양식이라고 생각하고, 힘이 나게 해준다고 믿는다.
③ 비빔국수 : 여러가지 야채를 곁들여 상큼하게 초고추장 양념을 버무려 먹는 것을 좋아한다.

Q03 내가 싫어하는 일은?

① 타인과 언쟁하는 일
② 다른 사람의 잘못된 일들에 대해서 이야기할 때
③ 가기 싫은데 억지로 가야 할 때

Q04 내가 가보고 싶은 여행지와 이유는?

몽골 : 아름다운 별빛이 쏟아지는 밤하늘을 보고, 넓고 끝없는 초록빛 평야를 말을 타고 달려 보고 싶어서 가보고 싶다.

Q05 내가 좋아하는 단어 10가지는?

하루, 하늘, 보라빛 향기, 설레임, 연초록, 초롱, 영롱, 유리, 나무, 사랑

Q06 내가 좋아하는 애장품과 그 이유는?

① 나비목걸이 : 아들을 낳았을 때 받은 선물이기 때문이다.
② 가마솥 : 33년째 사용하고 있는 솥(가족들이 다 건강하게 먹는 밥을 짓는 솥이어서…)

Q07 나의 강점 3가지는 무엇인가?

① 왕긍정의 마음 : 모든 것에 긍정이다.
② 인내심 : 뭐든지 기다릴 줄 안다. 끝까지.
③ 늘 변함없는 마음 : 늘 변치 않는 마음으로 늘 그 자리에 존재한다.

Q08 나의 건강 루틴은 무엇인가?

① 늘 새로운 하루를 웃음으로 시작한다.
② 뭐든지 맛있고 즐겁게 먹는다.
③ 하루에 한 번 하늘보고 웃기

Q09 나의 관계 루틴은 무엇인가?
즉, 사람 관계를 맺는 나만의 철학은 무엇인가?

직업상 많은 사람들에게 배움을 가지도록 알려주기 위해 노력한다.
사람꽃. 인화라는 별명을 가지고 있다. 늘 웃고 웃음으로 대답을 한다. 사람 관계는 잘 들어주는 것에 있다고 생각한다.

Q10 나의 약점 2가지는 무엇인가?

① 타인에게 나쁜 말을 못한다.
② 주변인을 도와야 한다는 생각한다.

Q11 나의 자랑스러운 습관 2가지는 무엇인가?

① 엄청 부지런하고, 알뜰한 성격이다.
② 해야 할 일에 대한 마무리를 반드시 한다.

Q12 내가 꼭 보완하고 싶은 습관 2가지가 있다면 무엇인가?

① 혈당으로부터 나를 지켜내기, 약 잘 챙기기
② 아픈 아들을 더 많은 관심과 사랑으로 잘 챙기기

Q13 내가 생각하는 행복의 정의는 무엇이고,
나는 어떨 때 행복한가?

① 행복이란? : 내가 하고 싶은 것을 하면서 시간을 보내는 것
② 어떨 때 행복한가? : 나는 합창공연을 할 때 가장 행복한
   순간이라고 생각한다.

Q14 내 삶의 애로사항 2가지만 표현한다면?

① 가족 중에 환자가 있다는 사실
② 가장인 나의 나이가 많아지고 있다는 것

Q15 나를 한마디로 소개한다면?

늘 맑고 밝으면서 주어진 삶에 최선을 다하는 사람

Q16 내가 원하는 삶의 모습은 어떤 모습일까?

한복을 곱게 입고 대청마루에 앉아서 우아하게 차를 마시
면서 담소를 나누는 여유로운 삶

Q17 80살 때의 내 모습은?

은발의 허리가 꼿꼿한 멋지고, 아름다운 노인

Q18 《나만의 백과사전》이 나온다면 느낌이 어떨지,
어디에 활용할 것인지?

① 느낌 : 자신의 백과사전이라고 생각하니까 부끄러울 것 같기도 하지만, 나름 기쁠 것 같다.
② 활용 : 나의 삶 이야기를 제자들과 나누고 싶다.

Q19 나를 살리는 펩톡, 2023년에 활용할 펩톡은?

살아 숨 쉬고 있는 현재, 매일매일에 감사하자.

Q20 지금까지 하루를 설렘으로 시작, 감사로 결실 만드는 삶을 실천하면서 자신만의 소감과 자신에게 해줄 칭찬은?

설시감결을 하면서 나름 약속도 지키며, 나에 대해서 꼼꼼히 생각을 해보게 되었고, 답을 하면서 정말 이 답이 맞는 것일까를 생각해보기도 했다.
"나를 되돌아보는 좋은 시간이기에 감사합니다. 손기연 파이팅~!"

나를 힘나게 한 기록

22

정 인의 백과사전

말하기 전 행동부터 하라

- 공부한 내용

대학에서 국어교육 전공(중등 1급 정교사)

교육대학원에서 특수국어 전공, 한문 부전공

1급 전문상담교사

NIE지도사

레크리에이션 1급

웃음지도사 2급

이미지메이킹 2급

청소년동아리지도사 3급

데일 카네기 최고경영자 과정 44기

데일 카네기 HIP 과정

- 현재 하는 일

세종시에서 중등학교 교사로 33년째 근무 중

세종시교육청 교육혁신 연구회원

시읽는문화 세종지회 회원

세종시낭송예술인협회 회원

Q01 내가 좋아하는 일은 무엇인가?

① 책, 잡지, 인터넷 뉴스 등 글자 적힌 것들 읽기
② 떠오르는 생각 등 메모하기
③ 산책하며 명상하기
④ 국내외 여행하면서 사진 찍기
⑤ 친구들 만나 이야기하기

Q02 내가 좋아하는 음식 3가지와 이유는?

① 전복찜 : 건강에 좋으니까
② 비빔밥 : 나물이 많고 소화가 잘 되니까
③ 잡채 : 향이 좋고 맛있으니까

Q03 내가 싫어하는 일은?

① 남의 단점을 말하는 것
② 남에게 의지하는 것

Q04 내가 가보고 싶은 여행지와 이유는?

① 아이슬란드 : 오로라가 보고 싶다.
② 우주여행 : 우주에서 지구별을 보고 싶다.

Q05 내가 좋아하는 단어 10가지는?

해, 하늘, 산, 물, 꽃, 우주, 순수, 여행, 배움, 유머

Q06 내가 좋아하는 애장품과 그 이유는?

고등학교 때 어머니께서 짜주신 벙어리장갑 : 어머니의 사
랑과 무엇보다 건강이 최고라는 것을 느끼게 해주기 때문
이다.

Q07 나의 강점 3가지는 무엇인가?

① 사교성 : 누구를 만나더라도 먼저 말을 걸 수 있다.
② 편안함 : 상대방에게 편안함을 줄 수 있다.
③ 낙관적 : 어떤 일이 있더라도 항상 좋은 쪽으로 생각한다.

Q08 나의 건강 루틴은 무엇인가?

① 항상 감사하는 마음 가지기
② 산책하며 명상하기
③ 매일 8,000보 이상 걷기, 수영, 헬스, 등산 등 운동하기

Q09 나의 관계 루틴은 무엇인가?
즉, 사람 관계를 맺는 나만의 철학은 무엇인가?

① 상대의 지위를 막론하고 있는 그대로 존중하는 마음을
  갖고 대한다.
② 상대의 고충을 듣고 같이 해결 방법을 모색하며 진심으
  로 잘 되기를 바라고 응원한다.

Q10 나의 약점 2가지는 무엇인가?

① 나누어 주기 좋아해서 실속을 못 차림.
② 인생을 느긋하게 산다. 직장에서 일은 빨리하나 나의 인생 목표를 향해 매진하지 않고 하루하루를 만족하며 여유 있게 지냄.

Q11 나의 자랑스러운 습관 2가지는 무엇인가?

① 아침형 인간
② 정리 정돈을 깔끔하게 잘함.

Q12 내가 꼭 보완하고 싶은 습관 2가지가 있다면 무엇인가?

① 고상하고 우아하게 살기
② 항상 미소를 짓고, 다른 사람들에게 칭찬과 웃음, 감동을 선사하기

Q13 내가 생각하는 행복의 정의는 무엇이고, 나는 어떨 때 행복한가?

① 행복이란? : 있는 그대로 만족하는 것
② 어떨 때 행복한가? : 숨 쉬고 눈으로 보고 귀로 듣고 말할 수 있어서 행복함. 온전한 몸으로 마음껏 다닐 수 있어서 행복함.

Q14 내 삶의 애로사항 2가지만 표현한다면?

① 월급 통장에 월급이 발도장만 찍고 나가버리는 것
② 하고 싶은 일은 많은데 거액이 없어서 못하는 것

Q15 나를 한마디로 소개한다면?

순수하고 타인의 성장을 지지하는 사람

Q16 내가 원하는 삶의 모습은 어떤 모습일까?

① 다른 사람들이 나로 인해 성장하고 발전하는 모습을 보
　는 삶
② 부자가 되어 사회에 환원을 많이 하는 삶

Q17 80살 때의 내 모습은?

인자하고 득도한 모습, 후진국 교육발전을 위해 기부하는
모습

Q18 《나만의 백과사전》이 나온다면 느낌이 어떨지, 어디에 활용할 것인지?

① 느낌 : 실천한 부분은 부듯할 것이고, 실천할 부분은 설렐 것이다.

② 활용 : 학생들과 주변 지인분들에게 정보나눔을 하고 주기적으로 업데이트하여 나의 성장을 도모하겠다.

Q19 나를 살리는 펩톡, 2023년에 활용할 펩톡은?

① 나는 고상한 사람이다.

② 나는 칭찬과 감사의 말로 시작하는 사람이다.

Q20 지금까지 하루를 설렘으로 시작, 감사로 결실 만드는 삶을 실천하면서 자신만의 소감과 자신에게 해줄 칭찬은?

설시감결 9일차(2022. 8. 6. (토)) 하면서 날마다 내일 설레는 일을 미리 계획하고 실천을 하면서 하루하루를 좀 더 알차게 보내게 되 어 부듯함.

"정 인아~~! 인이 자체가 설레는 사람이야!"

#원우님이 바라본 정 인의 강점 두 가지

1. 박은정 : 추진력, 통찰력
2. 박미경 : 야무짐, 배려심
3. 차현미 : 포용력, 진취적
4. 이복이 : 밝음, 추진력
5. 김준하 : 건강함, 맑음
6. 오숙영 : 열정, 성취력
7. 배이정 : 맑음, 추진력

8. 윤정자 : 순수함, 열정
9. 김도훈 : 온화함, 강인함
10. 장주동 : 긍정, 인정
11. 박영미 : 해맑음, 배려심
12. 정선영 : 열정, 포용
13. 박옥남 : 추진력, 의리
14. 이태성 : 배움의 열정, 순수

나를 힘나게 한 기록

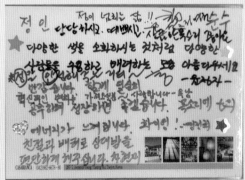

23
—

전승겸의 백과사전

- 공부한 내용

고등학교까지의 교육, 사회학 기초

데일 카네기 최고경영자 과정 대전 44기

- 현재 하는 일

대학생

- 봉사한 일

노인정 등에서 봉사

Q01 내가 좋아하는 일은 무엇인가?

① 독서
② 대화

Q02 내가 좋아하는 음식 3가지와 이유는?

① 치킨 : 튀긴 것이 맛있다.
② 라면 : 감칠맛이 좋다.
③ 초밥 : 회가 맛있다.

Q03 내가 싫어하는 일은?

언쟁

Q04 내가 가보고 싶은 여행지와 이유는?

유럽 : 중세 문화에 흥미가 있다.

Q05 내가 좋아하는 단어 10가지는?

행복, 정직, 진실, 사랑, 우정, 평안, 여유, 웃음, 기쁨, 성취

Q06 내가 좋아하는 애장품과 그 이유는?

딱히 아끼는 물건은 없다.

Q07 나의 강점 3가지는 무엇인가?

① 솔직함
② 꾸준함
③ 편안함

Q08 나의 건강 루틴은 무엇인가?

규칙적으로 동생과 함께 헬스장에 가서 운동을 한다.

Q09 나의 관계 루틴은 무엇인가?
즉, 사람 관계를 맺는 나만의 철학은 무엇인가?

사람 관계의 철학이란 것을 생각해본 적이 없다.

Q10 나의 약점 2가지는 무엇인가?

① 관계를 시작하는 방법을 모른다.
② 어떤 일을 시작하기 힘들다.

Q11 나의 자랑스러운 습관 2가지는 무엇인가?

① 예의를 지키기
② 책을 즐겨 읽기

Q12 내가 꼭 보완하고 싶은 습관 2가지가 있다면 무엇인가?

① 일을 꾸준히 하는 습관
② 일어나는 시간이 일정한 습관

Q13 내가 생각하는 행복의 정의는 무엇이고,
나는 어떨 때 행복한가?

나는 해야 하는 일이 없는 상태일 때 행복하다.

Q14 내 삶의 애로사항 2가지만 표현한다면?

① 인간관계가 넓지 않다.
② 최선을 다해 무언가에 도전한 적이 별로 없다.

Q15 나를 한마디로 소개한다면?

처음 만나도 편하게 대할 수 있는 사람

Q16 내가 원하는 삶의 모습은 어떤 모습일까?

주도적으로 시작하고, 능동적으로 다른 사람에게 다가가는 삶

Q17 80살 때의 내 모습은?

가족들과 함께 지내면서 내 이야기를 들려주는 모습

Q18 《나만의 백과사전》이 나온다면 느낌이 어떨지, 어디에 활용할 것인지?

① 느낌 : "이때의 나는 이렇게 생각했구나" 같은 생각을 할 수 있다.
② 활용 : 자기 성찰에 활용하겠다.

Q19 나를 살리는 펩톡, 2023년에 활용할 펩톡은?

나는 스스로 도전하는 사람이다.

Q20 지금까지 하루를 설렘으로 시작, 감사로 결실 만드는 삶을 실천하면서 자신만의 소감과 자신에게 해줄 칭찬은?

수업을 진행할수록 다른 사람에게 다가가는 것이 쉬워지는 것이 느껴진다.
"이 수업에 참석하기로 결정을 내린 저를 칭찬합니다."

#원우님이 바라본 전승겸의 강점 두 가지

1. 정선영 : 노력, 성장
2. 정 인 : 성실, 진실
3. 박옥남 : 끈기, 신뢰
4. 장주동 : 순수, 감성
5. 차현미 : 보석, 감동
6. 윤정자 : 열정, 끈기
7. 박은정 : 존중, 배려
8. 오숙영 : 진실, 모범
9. 김준하 : 용기, 도전
10. 이복이 : 성장, 끈기
11. 이태성 : 차분, 몰입

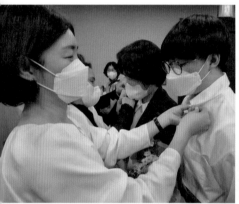

나를 힘나게 한 기록

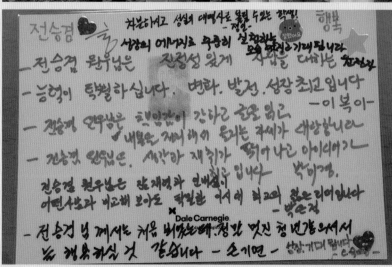

김대석의 백과사전

항상 최선을 다하자

- 공부한 내용

대구한의대 3학년 재학 중

한남대 최고경영자 과정 49기

김종수아카데미 9기

데일 카네기 최고경영자 과정 대전 44기

- 현재 하는 일

별빛봉사단 사무총장

파비스 애니원 법동대표

- 봉사한 일

국제라이온스신한클럽 1부 회장

Q01 내가 좋아하는 일은 무엇인가?

타인의 건강을 위해 상담하고 대화하는 일

Q02 내가 좋아하는 음식 3가지와 이유는?

① 회 : 육류보다 맛있고 건강에 좋다.
② 식혜 : 어릴 때 어머니의 추억이 있다.
③ 떡 : 간단한 한끼로 좋다.

Q03 내가 싫어하는 일은?

남에게 싫어하는 말과 싫어하는 일을 하는 것

Q04 내가 가보고 싶은 여행지와 이유는?

백두산 : 산을 좋아해서 우리나라 최고의 산이라는 백두산에 가보고 싶다.

Q05 내가 좋아하는 단어 10가지는?

순수, 행복, 감사, 끈기, 긍정, 용기, 사랑, 설렘, 믿음, 애정

Q06 내가 좋아하는 애장품과 그 이유는?

지갑 : 아들이 중1 때 생일 선물로 준 지갑

Q07 나의 강점 3가지는 무엇인가?

① 믿음 : 사람을 잘 믿는다.
② 신뢰 : 사람과의 약속 및 신의를 잘 지킨다.
③ 도전 : 내가 해보고 싶은 것은 무엇이든 도전한다.

Q08 나의 건강 루틴은 무엇인가?

① 아침에 일찍 일어나서 따뜻한 물 마시기
② 저녁에 약속을 안 한다.
③ 일찍 자려는 습관(밤 10시 이전)

Q09 나의 관계 루틴은 무엇인가?
즉, 사람 관계를 맺는 나만의 철학은 무엇인가?

사람과의 신뢰와 믿음으로 사귄다.

Q10 나의 약점 2가지는 무엇인가?

① 남에게 부탁을 못한다.
② 타인에게 거절을 잘 못한다.

Q11 나의 자랑스러운 습관 2가지는 무엇인가?

① 아침형 인간 : 10년째 5시 20분에 일어나고 있다.
② 내가 가진 것을 잘 주는 것

Q12 내가 꼭 보완하고 싶은 습관 2가지가 있다면 무엇인가?

① 카네기 원칙을 실천하는 것
② 꾸준히 하는 습관을 갖고 싶다.

Q13 내가 생각하는 행복의 정의는 무엇이고,
나는 어떨 때 행복한가?

① 행복이란? : 가정이 평온하고 가족이 건강한 것
② 어떨 때 행복한가? : 내가 하는 일을 열심히 할 때

Q14 내 삶의 애로사항 2가지만 표현한다면?

① 하고자 하는 일은 많은 데 경제적인 여유 없는 것
② 건강에 대한 상식이 아직 부족한 점

Q15 나를 한마디로 소개한다면?

믿음과 신뢰로 타인의 건강을 도와주는 사람

Q16 내가 원하는 삶의 모습은 어떤 모습일까?

내가 좋아하는 사람들과 함께 여행하며 건강하게 사는 것

Q17 80살 때의 내 모습은?

건강하고 좋아하는 사람들의 건강을 챙기며 여행을 즐기고 있다.

Q18 《나만의 백과사전》이 나온다면 느낌이 어떨지, 어디에 활용할 것인지?

나의 미래를 꿈꾸고 실천할 수 있는 것 같다. 나의 성장을 위해서 하나하나 체크하며 실천하겠다.

Q19 나를 살리는 펩톡, 2023년에 활용할 펩톡은?

① 나는 할 수 있다.
② 나는 타인의 건강에 도움 주는 사람이다.

Q20 지금까지 하루를 설렘으로 시작, 감사로 결실 만드는 삶을 실천하면서 자신만의 소감과 자신에게 해줄 칭찬은?

하루를 설시감결을 쓰면서 시작하니, 하루를 어떻게 보내고 감사해야 하는지를 생각하게 되고 실천하게 되어 좋다. "항상 열심히 노력하고 잘하고 있다. 김대석 파이팅~!"

#원우님이 바라본 김대석의 강점 두 가지

1. 이태성 : 배움, 일에 대한 철학
2. 장주동 : 비전, 뚝심
3. 박미경 : 성실, 똑똑하심
4. 박옥남 : 심사숙고, 전문성
5. 박은정 : 신중, 진실
6. 김종숙 : 근면, 진실
7. 이기훈 : 진취, 현명
8. 정　인 : 열정, 배짱
9. 차현미 : 이타심, 실천
10. 오숙영 : 건강, 배려
11. 이복이 : 성취, 듬직
12. 박영미 : 성실, 실천
13. 김준하 : 열정, 관찰력

나를 힘나게 한 기록

25
—

박영미의 백과사전

긍정적인 마인드로 힘을 주는 건강 전도자

- **공부한 내용**

  서원대 사회복지학과

  데일 카네기 최고경영자 과정 대전 44기, 45기

  데일 카네기 HIP 과정

- **현재 하는 일**

  유니베라 지사장

  이든네이처 청주153사창지사 대표

- **자기계발, 봉사한 일**

  가나안복지마을 봉사

  어울림난타동아리

  153나눔행복 봉사

  요양 봉사

  충북어울림봉사재단 이사

  청주 재향군인회 여성회 부회장

  라이온스클럽 이사

  시니어라인댄스 1급

  웃음코칭지도자 1급

  실버레크리에이션지도자 1급

Q01 내가 좋아하는 일은 무엇인가?

① 정신적, 육체적으로 아픈 사람들을 회복시켜주는 일
② 힐링하기 위한 여행

Q02 내가 좋아하는 음식 3가지와 이유는?

① 고향 된장찌개 : 엄마가 사랑으로 끓여준 찌개가 생각나서
② 모둠회 : 신선함, 쫀득함, 녹는듯한 설렘
③ 꽃게탕 : 속까지 시원해지는 국물, 꽃게살의 단백함이 최고!

Q03 내가 싫어하는 일은?

① 친하지 않으면서 단점을 지적하는 말
② 본인의 생각으로 거짓으로 하는 말

Q04 내가 가보고 싶은 여행지와 이유는?

아프리카 : 일을 해야 돈이 생기고, 무엇을 먼저 해야 하는 지 알려주고 오고 싶다(귀 마사지).

Q05 내가 좋아하는 단어 10가지는?

믿음, 소망, 사랑, 인내, 신뢰, 진심, 인격, 성품, 침묵양선, 나눔

Q06 내가 좋아하는 애장품과 그 이유는?

건강 도구, 기 탄성, 괄사, 아로마 : 100세 시대 맞춤형 건강 달인의 삶-귀-진단, 아로마 괄사 전체 막힌 혈을 순환하게 해서 웃고 사는 행복

Q07 나의 강점 3가지는 무엇인가?

① 친화력 : 즉흥 대화에서 대상의 첫 좋은 이미지 칭찬으로 시작
② 소통 : 진심의 소통은 상대의 마음을 감동으로 바뀌게 한다.
③ 미소 : 환한 미소는 함께 웃는 미소로 바뀌기 때문이다.

Q08 나의 건강 루틴은 무엇인가?

① 긍정적 마인드, 그럼에도 불구하고 감사하기
② 난타, 라인댄스 배움, 스트레칭

Q09 나의 관계 루틴은 무엇인가?
즉, 사람 관계를 맺는 나만의 철학은 무엇인가?

① 소통하며 존중한다.
② 칭찬하며 함께 긍정 에너지로 간다.

Q10 나의 약점 2가지는 무엇인가?

① 생각한 대로 즉흥적으로 말하고 행동한다.
② 시간 엄수 부족

Q11 나의 자랑스러운 습관 2가지는 무엇인가?

① 경제적이다. 건강이 미약한 사람들에게 도움을 주고 나
   눔의 행복을 실천한다.
② 다양한 배움이 살아가면서 필요한데, 맞춤형으로 쓰는
   도구가 있다.

Q12 내가 꼭 보완하고 싶은 습관 2가지가 있다면 무엇인가?

① 과분한 오지랖 자제하기
② 구체적으로 목표 설정하기

Q13 내가 생각하는 행복의 정의는 무엇이고,
나는 어떨 때 행복한가?

① 행복이란? : 서로 다르기 때문에 바라봐 주고 기다려주
   는 배려
② 어떨 때 행복한가? : 조건 없이 주고 내가 필요한 것을
   그분께서 소소한 것까지 채워주실 때

Q14 내 삶의 애로사항 2가지만 표현한다면?

① 아버지의 폐암이 재발하면 예전처럼 효도할 수 없을까
    하는 두려움
② 컴퓨터로 하는 업무에 반복, 복습 등이 부족한 것

Q15 나를 한마디로 소개한다면?

긍정 마인드로 힘을 주는 건강 전도자

Q16 내가 원하는 삶의 모습은 어떤 모습일까?

아름답게 익어가는 시니어와 함께 100세 건강 웃고 사는
삶, 웃으면 복이 오는 행복을 누리는 것

Q17 80살 때의 내 모습은?

① 자녀들과 99명 요양원 운영
② 요양원 이사장으로 100세 시대 살아가는 인생론 책 3권
    출간

Q18 《나만의 백과사전》이 나온다면 느낌이 어떨지,
어디에 활용할 것인지?

① 느낌 : 최선, 최고의 삶에 행복을 느끼고, 지인들과 가족
    들과 함께 기뻐할 것이다.
② 활용 : 100세 시대 살아가는 인생 이야기, 건강·인생론에
    밑거름이 되는 강의에 활용한다.

Q19 나를 살리는 펩톡, 2023년에 활용할 펩톡은?

① 나는 시간 약속 잘 지키는 준비된 리더다.
② 나는 사람을 살리는 행복 전도자다.

Q20 지금까지 하루를 설렘으로 시작, 감사로 결실 만드는 삶을 실천하면서 자신만의 소감과 자신에게 해줄 칭찬은?

설시감결로 시간 엄수의 달인이 되었고, 감사와 설렘이 생활화 되었다.

"50살이 넘어 도전의 꿈을 영미가 해냈어. 밝게 나눔의 삶, 카네기를 더 알려 영미처럼 변화 속 아름다운 삶을 전파하자. 고맙고, 고맙소."

#원우님이 바라본 박영미의 강점 두 가지

1. 이태성 : 웰컴 분위기, 건강
2. 정 인 : 미소, 칭찬
3. 박옥남 : 밝음, 희망참
4. 장주동 : 애정, 봉사
5. 오숙영 : 다정함, 긍정에너지
6. 이복이 : 미소, 건강
7. 박재형 : 도전, 긍정
8. 김준하 : 열정, 미소
9. 명정희 : 미소, 열정
10. 윤정자 : 긍정, 나눔
11. 박은정 : 지혜, 협력
12. 정선영 : 건강(심신), 따뜻함
13. 박미경 : 협력, 긍정
14. 이기훈 : 열정, 근성
15. 김도훈 : 밝음, 미소
16. 김종숙 : 성실, 건강

나를 힘나게 한 기록

제148호
박영미의 7가지 철학

1. 나를 진심으로 사랑한다. 그래야 타인도 사랑할 수 있다.
2. 정신적, 육체적으로 아픈 사람을 도와준다.
3. 경청과 배려를 생활화한다.
4. 긍정적인 마인드로 힘을 주는 건강전도자이다.
5. 내면의 성장으로 당당하게 살아간다.
6. 선한 영향력을 가진 사람을 만나자.
7. 기록하는 습관을 생활화한다.

26

김종숙의 백과사전

일체유심조(一切唯心造)

- **공부한 내용**

한국방송통신대학교 국어국문학 졸업

고려대학교 문예창작학과 졸업

건양사이버대학 보건의료복지학과

건양대학교 대학원 보건학 석사보건학

건양대학교 대학원 보건학 박사

데일 카네기 최고경영자 과정 대전 44기

데일 카네기 HIP 과정

- **현재 하는 일**

한국불교태고종수암 총무원장

DMZ평화네트워크 모악지부 공동대표

건양대학교 예방의학과 연구원

유창환경공사 선임연구원

Q01 내가 좋아하는 일은 무엇인가?

명상하는 것과 영화보기

Q02 내가 좋아하는 음식 3가지와 이유는?

① 커피
② 한식(나물반찬)
③ 시래기 된장국

Q03 내가 싫어하는 일은?

거짓말하는 것

Q04 내가 가보고 싶은 여행지와 이유는?

체코 : 카프카를 느끼고 싶다.

Q05 내가 좋아하는 단어 10가지는?

아기, 구름, 하늘, 달, 초록, 풀잎, 나팔꽃, 백합, 겨울, 연기

Q06 내가 좋아하는 애장품과 그 이유는?

딸의 앨범 : 딸이 어렸을 때 느꼈던 행복과 기쁨, 부듯함을
주기 때문이다.

Q07 나의 강점 3가지는 무엇인가?

① 사교적이다. : 침묵이 흐르는 것을 싫어해 먼저 말을 건넨다.

② 웃음이 많다. : 대화 중간중간에 많이 웃어서 분위기를 좋게 한다.

③ 긍정적이다. : 매사에 긍정적인 마음으로 즐겁게 살려고 한다.

Q08 나의 건강 루틴은 무엇인가?

① 건강하게 해주셔서 감사한 마음 잊지 않기

② 기도하기 : 명상을 통한 기도

③ 강아지들과 놀아주기

Q09 나의 관계 루틴은 무엇인가?
즉, 사람 관계를 맺는 나만의 철학은 무엇인가?

① 있는 그대로의 모습을 보며 좋은 점을 찾으려고 한다.

② 언제나 마음의 문을 열 수 있도록 편안하게 대한다.

Q10 나의 약점 2가지는 무엇인가?

① 늘 시간이 없어 하며 바빠 한다.

② 자신과의 약속을 잘 지키지 못한다.

Q11 나의 자랑스러운 습관 2가지는 무엇인가?

① 아침에 일어나면 아침 인사를 한다.
② 매일 빨래를 한다.

Q12 내가 꼭 보완하고 싶은 습관 2가지가 있다면 무엇인가?

① 영어회화
② 장구 치기

Q13 내가 생각하는 행복의 정의는 무엇이고,
나는 어떨 때 행복한가?

① 행복이란? : 가장 평범한 곳에서 발생한다고 생각하고
욕심을 부리지 않는 것이라고 생각한다.
② 어떨 때 행복한가? : 가족이 아프지 않고 즐겁게 가족과
식사할 때

Q14 내 삶의 애로사항 2가지만 표현한다면?

① 하고 싶은 것이 많은데 시간적 여유가 없어서 쉽게 계획
을 세우지 못할 때
② 무릎 관절이 좋지 않아 운동을 마음대로 하지 못할 때

Q15 나를 한마디로 소개한다면?

순수하고 소박하며 내가 한 일에 책임과 의무를 다하는 사람

Q16 내가 원하는 삶의 모습은 어떤 모습일까?

① 박사학위 취득하고 강의를 멋지게 하며 학생들과 소통을 잘하는 인기있는 강사
② 연말에 불우이웃돕기를 꾸준히 할 수 있는 재정적으로 여유있는 삶

Q17 80살 때의 내 모습은?

① 안정적인 삶을 누리며 유명 강사가 되어 있는 모습
② 지인들과 여행을 다니는 활기찬 모습

Q18 《나만의 백과사전》이 나온다면 느낌이 어떨지, 어디에 활용할 것인지?

나 자신에게 대견스럽다고 칭찬할 것이며, 어렵고 힘들게 사는 사람들에게 교과서 같은 사전이 되기를 바란다.

Q19 나를 살리는 펩톡, 2023년에 활용할 펩톡은?

① 나는 배려하는 사람이다.
② 나는 하고 싶은 일은 꼭 하는 사람이다.
③ 나는 배우는 것을 좋아하는 사람이다.

Q20 지금까지 하루를 설렘으로 시작, 감사로 결실 만드는 삶을 실천하면서 자신만의 소감과 자신에게 해줄 칭찬은?

12주가 끝나면 내가 얼마큼 변해 있을지 생각만 해도 설레고, 앞으로 미래가 어떻게 펼쳐질지 기대된다.

가슴 뛰는 일이다. 끝까지 해낼 수 있었다는 것에 감사하고 열심히 노력하고 이루어 낸 종숙이에게 대견하다고 칭찬해 주고 싶다. "희망을 가져! 파이팅!"

#원우님이 바라본 김종숙의 강점 두 가지

1. 명정희 : 따뜻함, 배려

2. 박옥남 : 미소, 믿음

3. 정　인 : 맑음, 신중함

4. 이복이 : 따뜻함, 미소

5. 장주동 : 섬김, 책임감

6. 박영미 : 따뜻함, 정직

7. 박은정 : 안정감, 성실

8. 정선영 : 믿음, 배려

9. 박미경 : 섬김, 따뜻함

10. 김준하 : 편안함, 배려

11. 이태성 : 환영, 가족같은 따뜻함

데일카네기 최고경영자과정 대전 44기 수료식

이다.

김종숙 종숙원장님의 발전과 겸손한 매너 하늘. 초록

몸으로 실천하는 모습이 삶에 녹여져있으네 존경 아름답고 지혜롭고
편안한 것 직접 구입해 판로를 채워주는 하십니다. 자신을 위해 성장하는 모습이 아름답습니다 ㄴ박미경
모습속에 보여지는 미소자 정만 백 만불짜리 입니다 태습
옆에 계시면 마뜻해 지는 분이십니다. 오늘 걱정을 다 이야기하고
싶은 분이세요. 친해지고 싶습니다. (박우산)
늘 밝은 기운이 느껴지고 주변을 환하게 밝히시는 매력이
넘치십니다. -이기룡- 배려, 우아함, 지적임에 대명사 -정언-

부드러움과 지혜로움으로 깊음에 연지점엔 마음까지 더하시는
멋진 리더십니다 윤상자

Dale Carnegie
http://www.carnegie.co.kr

27

김준하의 백과사전

오늘의 나는 어제의 나보다 발전한다

- **공부한 내용**

충남고등학교 졸업

충남대학교 행정학과 졸업

방송통신대학교 경영학 학사 취득

데일 카네기 최고경영자 과정 대전 44기

데일 카네기 HIP 과정

- **현재 하는 일**

서대전세무서 근무

Q01 내가 좋아하는 일은 무엇인가?

높은 곳에 올라가기 : 높은 곳에 올라가 주변 풍경을 보는 것을 좋아한다.

Q02 내가 좋아하는 음식 3가지와 이유는?

① 삼겹살 : 부담스럽지 않게 맛있는 고기를 먹을 수 있기 때문이다.
② 누룽지 : 소화가 잘되지 않을 때 누룽지에 새우젓을 먹으면 소화가 잘된다.
③ 콩나물국밥 : 저렴하게 배불리 먹을 수 있으며, 먹으면 속이 편해서 좋아한다.

Q03 내가 싫어하는 일은?

다른 사람 험담하기

Q04 내가 가보고 싶은 여행지와 이유는?

핀란드 : 어릴 적부터 TV로 보던 오로라를 볼 수 있는 곳이어서 가보고 싶다.

Q05 내가 좋아하는 단어 10가지는?

겸손, 배려, 책임, 휴식, 명상, 가족, 가을바람, 호수, 모닥불, 호시우보

Q06 내가 좋아하는 애장품과 그 이유는?

캠핑 장비 : 캠핑은 취직하고 처음으로 가진 취미생활이다.

Q07 나의 강점 3가지는 무엇인가?

① 경청 : 남의 이야기를 잘 경청한다.
② 정리정돈 : 정리를 잘한다.
③ 끈기 : 목표를 이룰 때까지 꾸준하게 노력한다.

Q08 나의 건강 루틴은 무엇인가?

① 주전부리 안하기
② 물 많이 마시기
③ 스트레칭하기

Q09 나의 관계 루틴은 무엇인가?
즉, 사람 관계를 맺는 나만의 철학은 무엇인가?

① 부담주지 않는다.
② 내가 필요로 하는 사람이 되도록 노력한다.

Q10 나의 약점 2가지는 무엇인가?

① 한 번에 여러 가지 일을 못한다.
② 체력이 부족해지면 집중력이 많이 떨어진다.

Q11 나의 자랑스러운 습관 2가지는 무엇인가?

① 가까운 거리는 걸어다닌다.
② 작심삼일 하지 않는다.

Q12 내가 꼭 보완하고 싶은 습관 2가지가 있다면 무엇인가?

① 부족한 체력을 보충하기 위한 습관
② 약속을 많이 잡지 않는 습관

Q13 내가 생각하는 행복의 정의는 무엇이고,
나는 어떨 때 행복한가?

① 행복이란? : 내가 무엇을 하고 싶은지 아는 것
② 어떨 때 행복한가? : 내가 하고 싶은 것을 위해 나아가는
과정에서 행복을 느낀다.

Q14 내 삶의 애로사항 2가지만 표현한다면?

① 회사생활 이후 시간이 부족해서 자기계발을 못할 때
② 건강이 안 좋아져서 하고싶은 일을 못할 때.

Q15 나를 한마디로 소개한다면?

주위를 행복하게 하는 사람

Q16 내가 원하는 삶의 모습은 어떤 모습일까?

내가 가진 능력으로 남들이 부족한 능력에 도움을 줄 수 있는 사람

Q17 80살 때의 내 모습은?

그동안 쌓은 삶의 지식과 경험으로 주변 지인들에게 도움을 주는 모습이다.

Q18 《나만의 백과사전》이 나온다면 느낌이 어떨지, 어디에 활용할 것인지?

① 느낌 : 나의 삶을 기록할 수 있어서 뿌듯할 것이다.
② 활용 : 앞으로 삶을 살아갈 때 이정표로 사용할 수 있을 것 같다.

Q19 나를 살리는 펩톡, 2023년에 활용할 펩톡은?

오늘의 나는 어제의 나보다 1% 발전한다.

Q20 지금까지 하루를 설렘으로 시작, 감사로 결실 만드는 삶을 실천하면서 자신만의 소감과 자신에게 해줄 칭찬은?

감사함으로써 삶에 불만이 줄어들었다.
"앞으로도 잘하자."

#원우님이 바라본 김준하의 강점 두 가지

1. 윤정자 : 미소, 성실	9. 박미경 : 책임감, 이타심
2. 오숙영 : 노력, 성공	10. 박영미 : 미소, 신중
3. 박옥남 : 끈기, 신뢰	11. 김종숙 : 성실, 신뢰
4. 정선영 : 용기, 열정	12. 정 인 : 순발력, 협력
5. 박은정 : 담대함, 신중	13. 김도훈 : 열정, 꾸준함
6. 이복이 : 신뢰, 배려	14. 이기훈 : 신뢰, 책임감
7. 차현미 : 책임, 비전	15. 이태성 : 무한한 잠재력, 저력
8. 장주동 : 선함, 영향력	

나를 힘나게 한 기록

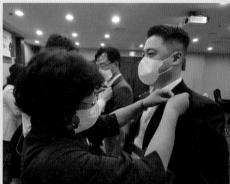

박은정의 백과사전

은혜를 잊지 않는 정직한 리더

- 공부한 내용

경북대학교 교육대학원 상담심리학 석사, 2008

데일카네기 최고경영자 과정 대전 44기

청소년상담사 2급 국가자격, 2015

임상심리사 2급 국가기술자격, 2015

하브루타 지도사 3급 자격, 2015

전문상담교사 1급, 경북대학교대학원, 2008

퀼트 지도자 자격, 2019

보육교사/시설장 자격

청소년 성교육 성상담 자격, 1999

- 현재 하는 일

대구광역시 교육청 장학사

- 수상

교육감 표창, 스승의 날, 2011

교육부장관 표창, 2008, 2020

- 경력

교사 대상 직무교육 강사 활동 다수, 2008~2019

성교육 교과교육 연구활동, 교육인적자원부, 1999

경북대학교 간호대학, 교육과학대학 간호학과 현장실습 강사,

2006~2021

Q01 내가 좋아하는 일은 무엇인가?

새로운 사람을 만나거나 새로운 공부를 하는 것

Q02 내가 좋아하는 음식 3가지와 이유는?

① 차돌박이 된장찌개 : 가족들과 맛나게 먹을 수 있고 영양
이 풍부한 음식
② 계란찜 : 빠르게 요리할 수 있고 아침 한끼 반찬으로 충
분하다.
③ 김치찌개 : 풍부한 맛에 영양이 가득하고, 내가 제일 자
신 있게 할 수 있는 요리다.

Q03 내가 싫어하는 일은?

남이 시키는 일을 하는 것

Q04 내가 가보고 싶은 여행지와 이유는?

터키 : 동서양의 문명이 만나는 곳으로 성경에서 언급된 유
적지를 골고루 돌아보고 싶다.

Q05 내가 좋아하는 단어 10가지는?

여유, 자신감, 성장, 정직, 품격, 가족, 믿음, 신뢰, 경험, 변화

Q06 내가 좋아하는 애장품과 그 이유는?

가족 앨범 : 소중한 가족과의 시간의 흐름이 담겨 있어서 힘들 때마다 이기는 버팀목이 된다.

Q07 나의 강점 3가지는 무엇인가?

① 추진력 : 맡은 일은 포기하지 않고 빠른 속도로 끝까지 완수해낸다.

② 친화력 : 처음 만나더라도 어색하지 않도록 배려하는 능력이 있다.

③ 배우기를 좋아함 : 새로운 일이 있으면 어디든 찾아가서 배우려는 태도

Q08 나의 건강 루틴은 무엇인가?

① 하루 1개 레몬즙 짜서 마시기

② 하루 1시간 걷기(비 오는 날 맨발 걷기)

③ 하루 2L 이상 물을 마시고, 야식 먹지 않기

Q09 나의 관계 루틴은 무엇인가?
즉, 사람 관계를 맺는 나만의 철학은 무엇인가?

서로의 만남을 통해 함께 배우고 성장할 수 있는 방법과 시간을 가진다.

Q10 나의 약점 2가지는 무엇인가?

① 일 중심이라 노는 것을 잘하지 못한다.
② 노력하지 않고 행동이 느린 사람을 이해하기 힘들다.

Q11 나의 자랑스러운 습관 2가지는 무엇인가?

① 항상 배우는 것을 멈추지 않는다.
② 잠자고 일어나는 시간이 규칙적이다.

Q12 내가 꼭 보완하고 싶은 습관 2가지가 있다면 무엇인가?

① 시간을 내서 휴가를 즐기는 것
② 건강에 좋은 음식을 소식하는 습관

Q13 내가 생각하는 행복의 정의는 무엇이고,
나는 어떨 때 행복한가?

나는 내가 좋아하는 사람과 같은 곳을 보며 같은 주제를 가지
고 이야기를 나누고 깨닫는 시간을 가질 때 가장 행복하다.

Q14 내 삶의 애로사항 2가지만 표현한다면?

① 배우고 싶은 일이 너무 많은데 하루 24시간이 부족하다.
② 나와 성향이 맞지 않으면 더 이상 관계를 맺지 않고 일
　정한 거리를 둔다.

Q15 나를 한마디로 소개한다면?

변화를 두려워하지 않고 끊임없이 도전하는 사람

Q16 내가 원하는 삶의 모습은 어떤 모습일까?

① 나의 성장이 다른 사람에게 도움이 되고 선한 영향력을 주는 삶
② 오랜만에 전화하거나 만날 때도 너무 반갑고 보고 싶은 사람이 되는 삶

Q17 80살 때의 내 모습은?

내가 배운 것을 책으로 쓰고, 가족과 친구들 동료들과 경험을 나누며, 생각이 늙지 않는 성장의 비결에 대해 많은 사람들 앞에서 강의하고 있을 것이다.

Q18 《나만의 백과사전》이 나온다면 느낌이 어떨지, 어디에 활용할 것인지?

① 느낌 : 나를 비춰주는 청사진을 보고 앞으로의 삶의 방향을 새롭게 할 수 있을 것에 자부심을 느낄 것이다.
② 활용 : 삶의 무기력을 느끼는 사람, 여러 가지 문제로 힘들어 하는 사람에게 용기를 주는 매뉴얼로 사용할 것이다.

Q19 나를 살리는 펩톡, 2023년에 활용할 펩톡은?

① 나는 언제나 성장하는 사람이다.
② 나는 적극적인 사람이다.
③ 나는 변화를 즐기는 사람이다.

Q20 지금까지 하루를 설렘으로 시작, 감사로 결실 만드는 삶을 실천하면서 자신만의 소감과 자신에게 해줄 칭찬은?

설시감결. 새로운 도전을 하고 실천하고 있는 내가 너무 자랑스럽다.
"박은정. 참 대단하고 기특하다."

#원우님이 바라본 박은정의 강점 두 가지

1. 박옥남 : 신뢰, 긍정
2. 박재형 : 열정. 긍정
3. 정 인 : 부지런함, 실천
4. 이복이 : 신뢰, 실천
5. 김준하 : 배려, 미소
6. 장주동 : 한다면 한다, 끝까지 한다
7. 오숙영 : 외유내강, 적극성
8. 차현미 : 열정, 행동
9. 박미경 : 자신감, 배려
10. 박영미 : 긍정, 배려
11. 정선영 : 도전, 노력
12. 윤정자 : 성실, 열정
13. 이기훈 : 열정, 뚝심
14. 이태성 : 의리, 희망

데일카네기 최고경영자과정 대전 44기

박은정 ♥ 열정이 넘치고 안내섰과 자체가 가능한 변화
박은정은 카네기에 참여하시면서 긍정적으로 변화하고
계신 것이 느껴집니다. 응원천을 생각하고 바로 실행하는
박은정님은 조리있게 말씀을 참 잘하셔서
변화하실것 같습니다 - ㅎ
박은정 원우님은 다정스러운 언어. 표현. 거기에 이래서
힘이 느껴지는 실행력 너무 멋지십니다 -이 복이-
박은정 원우님은 열정이 대단하십니다 어려운 없을 도전 정신으로
박은정 원우님은 격정시로
카네기로 좋아지셨다니 정말 좋습니다. 함께 지지하며 ~쭉~가운

29

명정희의 백과사전

명쾌하고 정열적으로 희망을 주는 리더!

- 공부한 내용

충북대학교 일반대학원 아동복지학 가족상담 박사 수료

데일 카네기 최고경영자 과정 대전 44기

데일 카네기 HIP 과정 6기

- 현재 하는 일

충북청소년상담복지센터 상담원

- 경력

여성긴급전화1366 충북센터 상담원

고려대학교 학생생활상담소 상담원

청주지방법원 보호 청소년 위탁보호위원

- 자기계발, 봉사한 일

한국양성평등교육진흥원 양성평등교육 전문강사

한국MBTI연구소 MBTI 일반강사

한국에니어그램 일반강사

사회복지사 1급

가정폭력·성폭력 전문상담원

청소년지도사 2급

심리상담사 1,2급

특수아교육 치료사 3급

미술치료사 3급 / 웃음치료사 1급

레크레이션 1급

요양보호사 자격증 취득

Q01 내가 좋아하는 일은 무엇인가?

① 배우고 성장하는 것과 타인의 성장을 도와 사회에 기여
하는 것
② 새로운 경험을 좋아하고 마음에 맞는 분들과 대화 나누
는 것
③ 등산과 산책하는 것
④ 독서와 여행하는 것
⑤ 식물을 기르는 것

Q02 내가 좋아하는 음식 3가지와 이유는?

① 한정식 : 영양가가 많다.
② 청국장 : 건강에 좋다.
③ 과일이나 야채 : 몸의 균형을 유지해주고 질병이 예방된다.

Q03 내가 싫어하는 일은?

남에게 부탁하기

Q04 내가 가보고 싶은 여행지와 이유는?

유럽과 북아메리카 명승지를 다녀보고 싶다.

Q05 내가 좋아하는 단어 10가지는?

나답게 살기, 성장, 마음, 감사, 지혜, 통찰, 소통, 정다운 희망, 존중, 배려

Q06 내가 좋아하는 애장품과 그 이유는?

맨박스 책 : 평범한 남성일수록 여성 폭력 문제에 있어서만큼은 중립적인 태도를 버려야 한다. 모든 성인 남성과 남자아이가 상냥하고 신사적이며, 모든 여성이 안전하고 소중히 여겨지는 그런 경계가 없는 세상을 아이들에게 물려주고 싶어서다. 이제는 변화를 시작할 때이기 때문이다.

Q07 나의 강점 3가지는 무엇인가?

① 다정다감
② 친화력
③ 초긍정

Q08 나의 건강 루틴은 무엇인가?

① 맨손체조와 스트레칭
② 긍정마인드
③ 걷기

Q09 나의 관계 루틴은 무엇인가?
즉, 사람 관계를 맺는 나만의 철학은 무엇인가?

경청하고 친절하게 적극적으로 협조해서 서로 성장할 수 있는 방안을 모색한다.

Q10 나의 약점 2가지는 무엇인가?

① 자신에게 불친절하다. 우선순위에서 항상 후순위이기 때문이다.
② 부탁과 요청을 하는 일

Q11 나의 자랑스러운 습관 2가지는 무엇인가?

① 인내심
② 끈기와 집중력

Q12 내가 꼭 보완하고 싶은 습관 2가지가 있다면 무엇인가?

① 건강 돌봄과 거시적 시각
② 경제와 관계 균형

Q13 내가 생각하는 행복의 정의는 무엇이고,
나는 어떨 때 행복한가?

내가 원하는 것을 얻을 때와 하고 싶은 것을 할 때가 행복하다.

Q14 내 삶의 애로사항 2가지만 표현한다면?

① 배우고 싶은 것은 많은데 시간이 안되어 스피드를 못 낼 때
② 하고 싶은 것은 많은데 여건이 안 될 때

Q15 나를 한마디로 소개한다면?

배우는 것을 좋아하는 사람이다.

Q16 내가 원하는 삶의 모습은 어떤 모습일까?

사람들과 더불어 함께 즐겁고 신나게 도움을 주는 삶으로
살아가고 싶다.

Q17 80살 때의 내 모습은?

나의 지식과 경험을 봉사활동을 통해 나누는 삶

Q18 《나만의 백과사전》이 나온다면 느낌이 어떨지,
어디에 활용할 것인지?

현재 내 모습을 돌아보게 되어 좋을 것 같고, 향후 나의 성장
을 가속화하는 데 활용할 것이다.

Q19 나를 살리는 펩톡, 2023년에 활용할 펩톡은?

① 내 인생의 봄날은 언제나 지금

② 괜찮아, 너 지금 잘하고 있어.

③ 아직 늦지 않았어, 너는 멋지게 해낼 거야!

Q20 지금까지 하루를 설렘으로 시작, 감사로 결실 만드는 삶을 실천하면서 자신만의 소감과 자신에게 해줄 칭찬은?

"감사일기를 통해 긍정적인 태도를 갖게 되어 정말 좋았어!
명정희, 잘했어!"

#원우님이 바라본 명정희의 강점 두 가지

1. 박옥남 : 편안함, 성실

2. 정 인 : 유연성, 사교성

3. 차현미 : 부드러움, 따뜻함

4. 오숙영 : 정겨움, 발전성

5. 박은정 : 경청, 존중

6. 김준하 : 미소, 적극성

7. 이복이 : 편안함, 미소

8. 박영미 : 존중, 긍정

9. 이기훈 : 신뢰, 유연

10. 정선영 : 미소, 따뜻함

11. 장주동 : 기다림, 몰입

12. 윤정자 : 따뜻함, 끈기

13. 박미경 : 호기심, 감성적

14. 김도훈 : 유연함, 따뜻함

15. 이태성 : 어른스러움, 포용

나를 힘나게 한 기록

30
—

이유정의 백과사전

행복을 나누자

- 공부한 내용

대구보건대학교 문화예술

국군간호사관학교 졸업

연세대학교 대학원 간호학 석사, 박사 졸업

Johnshopkins Univ. School of Nursing Post-Doc. Scholar

웰니스 문화산업 최고경영자 과정

데일 카네기 최고경영자 과정

데일 카네기 HIP 과정

- 현재 하는 일

대구보건대학교 간호대학 학장

대구시 감염병관리지원단 운영위원

대구시 통합건강운영지원단 교육위원

- 경력

금연전문 교육사 과정 최초 개발 및 운영

5&6 청소년 금연프로그램 개발

2&4 유아 흡연예방프로그램 개발

NS 610 금연상담 프로그램 개발

Junioy END 흡연예방프로그램 개발

청소년 흡연예방프로그램 SENSE 개발

Q01 내가 좋아하는 일은 무엇인가?

① 내가 아는 지식과 기술을 바탕으로 타인을 위한 프로그램을 만드는 일
② 내가 아는 분야를 강의하는 일
③ 글쓰는 일

Q02 내가 좋아하는 음식 3가지와 이유는?

① 빵 : 신선하고 향기로운 갓 구운 빵은 커피랑 먹으면 아주 좋은 조화로운 음식이다.
② 블루베리와 요플레 : 몸에 좋은 음식의 조합
③ 야채 과일 샐러드 : 좋아하는 과일과 야채를 먹을 수 있고 건강에도 좋다.

Q03 내가 싫어하는 일은?

① 남에게 부탁하기
② 나의 인생철학과 맞지 않는 일하기

Q04 내가 가보고 싶은 여행지와 이유는?

터키와 프랑스 파리, 국내에서는 동해 및 삼척 여행

Q05 내가 좋아하는 단어 10가지는?

사랑, 배려, 꽃, 천사, 공감, 여행, 하늘, 바이올린, 이름, 시집, 철학

Q06 내가 좋아하는 애장품과 그 이유는?

특별한 애장품은 없으나 금으로 된 액세서리를 좋아한다.
: 의미 있는 날 받은 선물들이다.

Q07 나의 강점 3가지는 무엇인가?

① 친화력 : 누구를 만나도 의사소통 가능하다.
② 긍정적 마인드
③ 초긍정 : 문제가 생기면 그 해결 방법을 차근히 생각 하려고
　　하는 것

Q08 나의 건강 루틴은 무엇인가?

① 성경 읽기와 기도하기
② 2일에 한 번 헬스센터 가기, 한 시간에 10분씩 걷기
③ 매일 10분 이상 명상하기

Q09 나의 관계 루틴은 무엇인가?
즉, 사람 관계를 맺는 나만의 철학은 무엇인가?

① 직장동료에게 인사하기
② 존중과 환대의 마음으로 대하기
③ 무엇이든 상대방에게 경청하기
④ 상대의 약점을 파악하여 도와주기

Q10 나의 약점 2가지는 무엇인가?

① 부탁하는 일을 싫어한다.
② 정리할 때 시간 소모가 많다.

Q11 나의 자랑스러운 습관 2가지는 무엇인가?

① 어떤 사항이든 프로그램으로 체계화하려고 노력한다.
② 받는 것을 좋아한다. 서로의 관계를 이어가는 가장 좋은
방법이다.

Q12 내가 꼭 보완하고 싶은 습관 2가지가 있다면 무엇인가?

① 경제적으로 지출과 수입을 잘 정리하기
② 일과 휴식을 균형 있게 조절하기

Q13 내가 생각하는 행복의 정의는 무엇이고,
나는 어떨 때 행복한가?

① 행복이란? : 내가 좋아하는 일이 있고 가족과 서로 요리 하
며 맛있게 먹는 시간을 가지는 것
② 어떨 때 행복한가? : 특히 좋은 사람과 디저트를 같이 먹으
며 특정 주제에 또는 자신의 철학에 대해서 서로 이야기할
때가 행복하다.

Q14 내 삶의 애로사항 2가지만 표현한다면?

① 나의 일을 수행함에 있어 지나치게 열심이다.
② 내가 건강의 위기로 하고 싶은 일을 못 할 때

Q15 나를 한마디로 소개한다면?

평생을 교육에 관한 일을 하기를 좋아하는 사람이며, 금연 관련 프로그램 개발로 청소년 건강을 위해 많은 노력을 한 사람

Q16 내가 원하는 삶의 모습은 어떤 모습일까?

내가 할 수 있을 때 열심히 일을 하며, 퇴직 이후에는 내가 좋아하는 일을 하며 순간순간 하고 싶을 때 자연 여행을 하면서 사는 삶

Q17 80살 때의 내 모습은?

① 하얀색의 파마머리를 유지하고, 여름에는 휘날리는 원피스를 입고 겨울에는 단정한 정장에 빵모자를 쓸 것이다.
② 책을 자주 읽으며 글을 쓰려고 서재에서 있는 시간이 많으며 자녀 및 손자 손녀들에게 편지를 자주 쓰고 있을 것이다.
③ 계절이 바뀔 때마다 여행을 한 번씩 할 것이며, 여행지에서는 편지를 보낼 것이다.
④ 건강을 위해서 열심히 걷거나 시간표를 만들어 규칙적으로 운동을 할 것이다.
⑤ 지나간 일들을 기억하여 재미있는 수필을 적을 것이다.
⑥ 오카리나를 배워 종종 연주를 하며 즐거워할 것이다.

Q18 《나만의 백과사전》이 나온다면 느낌이 어떨지, 어디에 활용할 것인지?

① 느낌 : 나의 인생 일부를 알 수 있으며, 그래도 건강한 정신이 느껴질 것이다.
② 활용 : 나의 기억이 흐려질 때 보면 좋을 것 같다.

Q19 나를 살리는 펩톡, 2023년에 활용할 펩톡은?

① 나는 운이 좋은 사람이다.
② 나의 인생은 잘 살아야 할 시대적 사명을 띠고 있다.
③ 나의 삶은 우리 가족의 행복의 기본이다.

Q20 지금까지 하루를 설렘으로 시작, 감사로 결실 만드는 삶을 실천하면서 자신만의 소감과 자신에게 해줄 칭찬은?

매일의 삶이 감사와 설렘으로 시작한다는 것은 사고의 기본 스트레칭이다. 정신이 힘들지 않게 하는 과정으로 지금까지 살아온 삶에 감사하고 앞으로의 삶에 적극적으로 임하자.
"이유정! 잘 살았어!"

나를 힘나게 한 기록

31

이희경의 백과사전

- 공부한 내용

연세대학교 보건학 석사

부산대학교 치의학 박사

데일 카네기 최고경영자 과정 대전 44기

- 현재 하는 일

대구보건대학교 치기공학과 교수

악안면보철기공학회 부회장

- 수상

보건복지부장관상 수상

한국전문대학교육협의회장상 수상

- 경력

부산대학교 치과대학 외래교수

Q01　내가 좋아하는 일은 무엇인가?

나눔, 함께 성장하는 행복한 삶을 살고 싶다. 학생들 성장이 자랑스럽다.

Q02　내가 좋아하는 음식 3가지와 이유는?

① 쌈밥 : 생야채, 삶은 야채를 풍성하게 먹을 수 있어서 좋아한다.

② 비빔밥 : 예쁜 색깔의 콩나물, 도라지나물, 미역나물, 무나물, 고사리나물과 고소한 참기름과 함께 하는 일품요리이기 때문이다.

③ 야채 샐러드 : 드레싱이 무엇이든 싱싱한 야채의 식감이 좋다.

Q03　내가 싫어하는 일은?

잔소리 하기, 잔소리 듣기

Q04　내가 가보고 싶은 여행지와 이유는?

제주도 올레길 걷기, 스페인 산티아고 걷기, 실크로드 걷기, 세계 어디든 여행이면 다 좋다. 어디든 궁금해서 직접 보고, 경험해보고 싶다.

Q05 내가 좋아하는 단어 10가지는?

푸른하늘, 초록, 봄, 여름, 가을, 겨울, 기쁨, 감사, 행복, 하나님

Q06 내가 좋아하는 애장품과 그 이유는?

각종 사진과 앨범들 : 나와 가족, 우리의 발자취이기 때문이다.

Q07 나의 강점 3가지는 무엇인가?

① 긍정적인 마음 : 누군가 사막에 떨어트려도 살아올 것이라고 했다.
② 은근과 끈기 : 목표가 생기면 포기하지 않고 끝까지 달려간다.
③ 항상심 : 변함없이 자신의 자리에서 평온함을 유지, 발전한다.

Q08 나의 건강 루틴은 무엇인가?

① 하루에 만 보 걷기
② 음식 싱겁게 해서 꼭꼭 씹어 먹기
③ 항상 기뻐하며 기도하기

Q09 나의 관계 루틴은 무엇인가?
즉, 사람 관계를 맺는 나만의 철학은 무엇인가?

직업상 다수의 학생들에게 선한 영향력을 끼치고자 노력한
다. 웃으며 친절하자, 적극적으로 남을 돕는 것이 함께 성공
하는 것이라고 생각하며 대한다.

Q10 나의 약점 2가지는 무엇인가?

① 남에게 싫은 소리를 표출 못하고 혼자 속으로 감내한다.
② 'NO'를 못한다.

Q11 나의 자랑스러운 습관 2가지는 무엇인가?

① 부지런하다.
② 약속은 반드시 지킨다.

Q12 내가 꼭 보완하고 싶은 습관 2가지가 있다면 무엇인가?

① 나의 건강을 돌보는 습관 : 식습관, 충분한 수면, 고혈압,
   지방간 치료를 위한 몸무게 줄이기
② 가족 구성원 지금보다 더 잘 돌보기

Q13 내가 생각하는 행복의 정의는 무엇이고,
나는 어떨 때 행복한가?

① 행복이란? : 일상의 행복
② 어떨 때 행복한가? : 특히 여행으로 중국 차마고도 객잔
에서 시원한 바람을 마주했을 때 무척 행복했다.

Q14 내 삶의 애로사항 2가지만 표현한다면?

① 건강에 적신호
② 가족 간 소통 부족 : 나만 잘한다고 해결되지 않을 때

Q15 나를 한마디로 소개한다면?

대학에서 후진 양성하는 교육전문가

Q16 내가 원하는 삶의 모습은 어떤 모습일까?

① 마음이 행복한 부자
② 돈이 많은 경제 부자

Q17 80살 때의 내 모습은?

91살이신 우리 엄마 같은 몸과 마음이 건강한 삶

Q18 《나만의 백과사전》이 나온다면 느낌이 어떨지, 어디에 활용할 것인지?

① 느낌 : 나 스스로를 알게 되었고, 미래의 인생 후반부를 준비하는 나의 모습과 성장을 생각해볼 수 있었다.
② 활용 : 나의 모든 삶과 성장을 기록하고 타인과 함께 나누겠다.

Q19 나를 살리는 펩톡, 2023년에 활용할 펩톡은?

건강습관 실천하고, 기도하고, 감사하자.

Q20 지금까지 하루를 설렘으로 시작, 감사로 결실 만드는 삶을 실천하면서 자신만의 소감과 자신에게 해줄 칭찬은?

"20개 질문에 대한 답변을 쓰면서 100세 시대 중반을 넘어선 나를 직시해보는 좋은 시간이었습니다. 감사합니다. 이희경 파이팅~!"

나를 힘나게 한 기록

32
—

이영주의 백과사전

내가 꿈을 이루면, 다른 사람의 꿈이 된다

- 현재 하는 일

한국강사교육진흥원 교육위원

국가사업 마을특화사업 특강 수석강사

남양주 노인전문기관(주간보호센터, 종합 복지관 등) 치매예방

인지활동 대표 강사

강원도, 철원, 기관별 행정복지센터 출강 뇌인지 활동 전문강사

대한노인회 경로당 사업(국가사업) 강사역량강화 코칭스쿨 대표

스마트폰 활용 전문강사

- 주요 강의 분야

스마트폰 활용 전문 수업

비대면 줌 교육 : 스마트폰 활용 강사, 블로그 수업

시니어 치매예방, 시니어 인지 손우희 지도,

시니어 건강 지도 레크레이션 지도, 웃음 체조

대면 비대면 유쾌 상쾌 통쾌 3쾌한 소통 강의, 행복과 건강한 삶을 위한 가이드

5060 신중년 취업 가이드 전통(전래)놀이 지도 컵타, 소고, 난타 등

- 봉사한 일

시니어 분들께 치매예방 인지활동 봉사

- 출판, 저서

《말로 쓰는 블로그 전자책》

《알수록 재미있는 스마트폰 세상》

- 경력

대지학원 수석강사

하이클래스 홈스쿨 10년 운영(국가공인한자1급 보유, 한자교실 운영)

(주)대교 눈높이 교사(학습 코칭 전문가)

(주)하늘교육 교사(우수 교사상 수상)

(주)장원교육 교사 팀장

(주)하늘교육 영재학습 전담 코칭

Q01 내가 좋아하는 일은 무엇인가?

나의 에너지로 시니어 분들께 가장 쉽게 스마트폰 세상을 안내해 드리고, 우울해하시는 시니어 분들께 즐거운 웃음을 드림으로써 행복감을 느끼게 할 때 내가 더 행복해지는 것을 느꼈기에 지금 하고 있는 일에 보람과 사명감까지 느낀다.

Q02 내가 좋아하는 음식 3가지와 이유는?

① 단호박죽 : 단호박죽은 호박의 달콤함과 찹쌀의 쫀득 함, 함께 넣은 강낭콩의 식감이 좋다.
② 한정식 : 입맛대로 골라 먹을 수 있고, 먹고 난 후 탈이 난 적이 없다. 언제나 푸짐하고 맛있고 정갈한 음식이 좋다.
③ 일식 : 겨자 듬뿍, 알싸한 맛과 회의 싱싱한 쫀득함이 힐링되는 맛이다.

Q03 내가 싫어하는 일은?

한 입으로 두 말을 하는 것과 그런 사람(그런 사람을 보면서 회의를 많이 느낀다)

Q04 내가 가보고 싶은 여행지와 이유는?

싱가폴 : 깨끗하고 선진문화가 잘 정착되어 있는 곳, 가족과의 여행 추억이 있어서 다시 가고 싶다.

Q05 내가 좋아하는 단어 10가지는?

긍정, 열정, 실천, 도전, 에너지, 멋짐 폭발, 성과, 전문가, 연구, 귀감

Q06 내가 좋아하는 애장품과 그 이유는?

우리 아이들의 빛바랜 일기장과 매일매일 한자와 영어를 썼던 노트들 : 20년이 다 되어 가는 노트들을 볼 때마다 엄마로서 참 잘 했다 싶고, 아이들도 스스로 잘해 왔기에 부듯함과 보람을 느낄 수 있어서다.

Q07 나의 강점 3가지는 무엇인가?

① 열정
② 에너지
③ 인정이 넘침

Q08 나의 건강 루틴은 무엇인가?

① 맨발 걷기
② 산책
③ 매일 ABC주스와 비타민C, 아세로라 챙겨 먹기

Q09 나의 관계 루틴은 무엇인가?
즉, 사람 관계를 맺는 나만의 철학은 무엇인가?

① 서로 부담을 주지 않는 편안한 관계를 추구한다.
② 생각나고 보고 싶고 여운이 남는 관계

Q10 나의 약점 2가지는 무엇인가?

① 감성이 풍부하고 민감함 : 감정의 불편함을 드러낸다.
② 안전지대 : 편안함 추구

Q11 나의 자랑스러운 습관 2가지는 무엇인가?

① 작은 일도 마음 먹으면 끝까지 실천한다.
② 약속을 잘 지킨다.

Q12 내가 꼭 보완하고 싶은 습관 2가지가 있다면 무엇인가?

① 정리정돈 : 아까워서 버리지를 잘 못하는 습관
② 소식하는 습관 가지기 : 입덧이 임신 기간 내내 심하게
해서 먹는 음식에 대한 애정이 넘친다.

Q13 내가 생각하는 행복의 정의는 무엇이고,
나는 어떨 때 행복한가?

① 행복이란? : 행복은 멀리 있지 않으며 내 곁에 있다. 작
은 것에도 감사할 줄 아는 것이 행복이다.
② 어떨 때 행복한가? : 나의 열정적 에너지로 다른 사람들
이 기쁘고 행복하다고 말할 때 진정 행복하다.

Q14 내 삶의 애로사항 2가지만 표현한다면?

① 타고난 재능이 없어서 무엇이든 많은 시간과 노력이 있
어야 가능하다는 것이다.
② 너무 솔직하다.

Q15 나를 한마디로 소개한다면?

나와 함께하는 다른 분들께도 열정과 에너지를 전달하며
행복을 만들어 가는 사람

Q16 내가 원하는 삶의 모습은 어떤 모습일까?

오늘 하루하루에 최선을 다하는 삶, 에너지와 열정을 아끼
지 않는 삶

Q17 80살 때의 내 모습은?

멋진 모습으로 시니어 분들께 치매예방, 인지 활동 봉사를 하면서 그분들의 귀감이 되고 싶다.

Q18 《나만의 백과사전》이 나온다면 느낌이 어떨지, 어디에 활용할 것인지?

나를 돌아보는 데도 활용하고, 강의를 잘 들어주거나 후기를 쓰신 분들께 선물로 드리고 싶다.

Q19 나를 살리는 펩톡, 2023년에 활용할 펩톡은?

다른 사람의 프레임에 내가 갇히는 것이 아니라, 나만의 삶의 방식으로 내 생각을 펼치는 사람이고 싶다.

Q20 지금까지 하루를 설렘으로 시작, 감사로 결실 만드는 삶을 실천하면서 자신만의 소감과 자신에게 해줄 칭찬은?

나는 무한한 가능성이 잠재되어 있다. 어제보다 오늘 더 많이 성장하고 있다.

나를 힘나게 한 기록

김종희의 백과사전

지금을 살자(今を生きる)

33

일본생활 30년

赤塚フィランソ活動20

シニアマネージャー15

SDG's活動、環境改善

한양대 미래경영 최고경영자 과정 14기

바른댓글실천연대 일본지회장

Q01 내가 좋아하는 일은 무엇인가?

① SDG's 활동
② 요리 만들어 홈파티 하기

Q02 내가 좋아하는 음식 3가지와 이유는?

① 생야채 : 있는 그대로 모든 야채를 즐길 수 있다.
② 해물탕 : 바다의 모든 생물을 좋아함. 국물도 너무 시원
　　해서 제일 좋아한다.
③ 삼계탕 : 언제 먹어도 부담감이 없다.

Q03 내가 싫어하는 일은?

① 참견하는 것
② 다른 사람 이야기하는 것

Q04 내가 가보고 싶은 여행지와 이유는?

① 아프리카 : 자연 그대로의 모습을 보고 싶다.
② 독일 : 역사 속 왕들의 성을 보고 싶다.

Q05 내가 좋아하는 단어 10가지는?

사랑, 있는 그대로, 자연, 아름다움, 겸허, 포옹, 엄마, 아버지

Q06 내가 좋아하는 애장품과 그 이유는?

아주 힘들 때 구입한 반지 : 기운을 'UP'하기 위해, 언제나
겸허와 사랑을 인정하기 위해서 애장하고 있다.

Q07 나의 강점 3가지는 무엇인가?

① 긍정적인 마인드 : 꾸역꾸역 하지 않는다.
② 언제나 미소 : 웃는 얼굴에 침 뱉지 않는다(웃는 얼굴은 복의
  기본).
③ 평정심 : 무슨 일이 일어나도 당황하지 않고 대처한다.

Q08 나의 건강 루틴은 무엇인가?

① 먹는 음식 선별
② 좋은 물 섭취, 모든 생활에 적용
③ 요가

Q09 나의 관계 루틴은 무엇인가?
즉, 사람 관계를 맺는 나만의 철학은 무엇인가?

① 상대를 비난하지 않는다.
② 상대의 성장을 돕는다.
③ 서로 윈윈 관계로 빛난다.

Q10 나의 약점 2가지는 무엇인가?

① 도움을 요청하지 않는다.
② 나약하게 보이지 않는다.

Q11 나의 자랑스러운 습관 2가지는 무엇인가?

① 손실과 덕을 보는 것을 중시하지 않고, 도움이 되는지 안 되는지를 판단하고 움직이는 습관
② 약속은 반드시 지킨다.

Q12 내가 꼭 보완하고 싶은 습관 2가지가 있다면 무엇인가?

① 혼자 있는 시간을 즐기자.
② 가족 구성원 지금보다 더 잘 돌보기

Q13 내가 생각하는 행복의 정의는 무엇이고,
나는 어떨 때 행복한가?

① 행복이란? : 일상의 행복
② 어떨 때 행복한가? : 지금의 있는 모든 것에 감사

Q14 내 삶의 애로사항 2가지만 표현한다면?

① 혼자 자립하기, 경제, 건강, 관계성
② 일본에 살고 있다는 것

Q15 나를 한마디로 소개한다면?

행복한 자

Q16 내가 원하는 삶의 모습은 어떤 모습일까?

시간, 건강, 경제가 자유로운 모습

Q17 80살 때의 내 모습은?

아직도 씩씩하고 밝은 옷차림과 자세, 튼튼한 좋은 몸에 마음도 튼튼한 모습

Q18 《나만의 백과사전》이 나온다면 느낌이 어떨지, 어디에 활용할 것인지?

① 느낌 : 세상에! 레전드의 황홀감
② 활용 : 세상 모든 여자들의 모범으로 활용할 미래교과서

Q19 나를 살리는 펩톡, 2023년에 활용할 펩톡은?

언제나처럼 웃는 얼굴

Q20 지금까지 하루를 설렘으로 시작, 감사로 결실 만드는 삶을 실천하면서 자신만의 소감과 자신에게 해줄 칭찬은?

가슴에 손을 얹고 포옹하며, "'언제나 고마워, 감사해, 안아줘서 고마워.'"

나를 힘나게 한 기록

34

김나현의 백과사전

금빛 꿈을 향해 희망의 나래를 펼치고
전진하는 현명한 리더!

- 현재 하는 일

대전하기중학교 재학

대전하기중학교 1학년 반장

- 수상

제13회 맑은하늘맑은웃음 어린이 컨텐츠 공모전 수상

제1회 전국어린이글짓기대회 수상

제12회 이충일효 전국백일장공모전 수상

제26회 금연글짓기공모전 수상

제66회 전국학생음악경연대회 대상

- 봉사한 일

대전시민천문대별축제 체험부스운영 자원봉사

Q01 내가 좋아하는 일은 무엇인가?

① 요리
② 놀러 다니기

Q02 내가 좋아하는 음식 3가지와 이유는?

① 피자 : 여러 가지 재료가 어우려져서 더 풍미가 좋다.
② 초밥 : 해물을 좋아하고, 칼로리도 낮아서 좋다.
③ 국수 : 면을 좋아하고, 국수의 국물덕분에 더 편하게 먹
  을 수 있다.

Q03 내가 싫어하는 일은?

① 지루한 것
② 내가 노력해도 안 되는 것

Q04 내가 가보고 싶은 여행지와 이유는?

① 독도 : 학교 사회시간에 봤던 사진을 직접 보고 싶고, 풍
  경과 바위도 보고 싶다.
② 스위스 : 풍경, 넓은 들판을 보면 마음이 평화로워질 것
  같아서 가보고 싶다.

Q05 내가 좋아하는 단어 10가지는?

여행, 존중, 배려, 친근, 친절, 친구, 가족, 감언이설, 긍정, 운동

Q06 내가 좋아하는 애장품과 그 이유는?

인생 추억사진 : 친구들과 함께한 추억이 들어 있어서다.

Q07 나의 강점 3가지는 무엇인가?

① 친근함
② 신중함
③ 활발함

Q08 나의 건강 루틴은 무엇인가?

긍정적, 친절, 마인드컨트롤(혼자서 '괜찮다'라고 생각한다)

Q09 나의 관계 루틴은 무엇인가?
즉, 사람 관계를 맺는 나만의 철학은 무엇인가?

① 분위기 안 깨지게 분위기메이커 역할을 한다.
② 나와 안 맞거나 생각이 달라도 친해져 보려고 노력한다.

Q10 나의 약점 2가지는 무엇인가?

① 부정적인 말을 들었을 때 생각을 많이하게 된다.
② 싫어하는 일할 때 집중력이 떨어진다.

Q11 나의 자랑스러운 습관 2가지는 무엇인가?

① 친절을 베푼다(말을 잘 들어줌).
② 분위기 잘 띄운다.

Q12 내가 꼭 보완하고 싶은 습관 2가지가 있다면 무엇인가?

① 집중력 높여서 지속하기
② 한가지에 몰두하기

Q13 내가 생각하는 행복의 정의는 무엇이고,
나는 어떨 때 행복한가?

① 행복이란? 마라탕 : 마라탕은 맛있어서 먹을 때마다 행
복해지기 때문이다.
② 어떨 때 행복한가? '감성 힙합될 때'라는 음악을 들을 때
와 마라탕을 먹을 때 행복하다.

Q14 내 삶의 애로사항 2가지만 표현한다면?

① 숙제가 밀렸을 때
② 나에게 불리한 상황이 생겼을 때(토론 시 밀릴 때)

Q15 나를 한마디로 소개한다면?

관계를 이어가려고 노력하는 사람(친구랑 싸울 때 끝내기보다는

그걸 계기로 친해지려고 하는 사람)

Q16 내가 원하는 삶의 모습은 어떤 모습일까?

① 친구들과 같이 놀고 밥먹고 여행가는 삶
② 내가 목표한 일을 끝까지 이루려고 노력하는 삶

Q17 80살 때의 내 모습은?

① 집에서 혼자 노래 듣고 있는 모습
② 친구들과 옛 추억을 회상하는 모습

Q18 《나만의 백과사전》이 나온다면 느낌이 어떨지,
어디에 활용할 것인지?

① 느낌 : 자기관리를 하는 데 편리하다.
② 활용 : 친구들에게 알리고, 인스타그램에 올린다.

Q19 나를 살리는 펩톡, 2023년에 활용할 펩톡은?

① 나는 긍정적인 사람이다.
② 어떤 상황에서도 잘 풀어 나간다.
③ 나는 매 순간마다 발전하는 중이다.

Q20 지금까지 하루를 설렘으로 시작, 감사로 결실 만드는 삶을 실천하면서 자신만의 소감과 자신에게 해줄 칭찬은?

자기반성을 많이 할 것 같고, 성찰을 통해서 자기 성장과 발전이 될 것 같다.

나를 힘나게 한 기록

35

태승원의 백과사전

사랑으로 모든 일을 해나가는,
그러기에 후회가 없는 삶을 살아가고 싶습니다~!

- 공부한 내용

침례신학대학교 사회복지학과 졸업

구세군사관대학원대학교 신학석사 졸업

- 현재 하는 일

구세군 안의영문 담임사관

Q01 내가 좋아하는 일은 무엇인가?

① 회사 식구와 함께 시스템을 잡고 성장하는 것
② 타인과 함께 동반 성장하는 것
③ 새로운 경험을 하는 것
④ 경험을 통해 배움을 얻는 것
⑤ 누군가의 이야기를 들어주고 용기를 주는 것, 그 사람의
　작은 것이라도 필요를 채워주는 것

Q02 내가 좋아하는 음식 3가지와 이유는?

① 김치찌개 : 얼큰하고 다양하게 끓일 수 있어서 좋다.
② 계란말이 : 식감이 좋고 영양가 있는 계란과 다른 재료
　도 함께 먹을 수 있다.
③ 잡채 : 면과 다양한 재료가 함께 어우러져 고소하고, 특
　히 면발이 부드러워서 좋아한다.

Q03 내가 싫어하는 일은?

너무 딱딱하고 경직된 분위기에서 업무를 지속적으로 해야
하는 상황을 싫어한다. 조금은 분위기를 환기시키더라도
창조적이고 자유로운 분위기를 좋아한다.

Q04 내가 가보고 싶은 여행지와 이유는?

유럽 : 관심이 많은 나라이기도 하고, 직접 가보면 평소 알던 것보다 보고 느끼는 것이 많을 것이기 때문이다.

Q05 내가 좋아하는 단어 10가지는?

꿈, 희망, 열정, 사랑, 감사, 행복, 기적, 화평, 겸손, 젊음

Q06 내가 좋아하는 애장품과 그 이유는?

성경책 : 다른 건 잃어버려도 상관없지만, 성경 속의 말씀이 항상 제게 소망을 주기 때문이다.

Q07 나의 강점 3가지는 무엇인가?

① 다른 사람들과의 관계를 오래 지속하는 편이다.
② 차분한 성격이다.
③ 하고자 하는 것은 꼭 하는 편이다.

Q08 나의 건강 루틴은 무엇인가?

① 일주일 중 하루는 푹 쉬기
② 산책하기
③ 집밥 해 먹기

Q09 나의 관계 루틴은 무엇인가?
즉, 사람 관계를 맺는 나만의 철학은 무엇인가?

① 웬만한 관계는 오랫동안 유지한다.
② 지속적인 노력을 하고자 힘쓰기도 한다(응원 하기 등).

Q10 나의 약점 2가지는 무엇인가?

① 일을 몰아서 한다. : 지금은 우선순위로 정해두고 미루지 않고 하려고 한다.
② 쉼 없이 늘 무언가를 하고 싶어한다. : 도전정신이 좋을 수도 있으나 건강을 헤치기에 자제하고 있다.

Q11 나의 자랑스러운 습관 2가지는 무엇인가?

① 생각한 것 적기와 글, 그림으로 표현하기
② 계획한 것은 반드시 이루고자 노력한다.

Q12 내가 꼭 보완하고 싶은 습관 2가지가 있다면 무엇인가?

함께 돕고 함께 즐겁게 살아가는 습관을 보완하고 싶다(모든 사역의 초점이 하나님 안에서의 행복이다).

Q13 내가 생각하는 행복의 정의는 무엇이고,
나는 어떨 때 행복한가?

① 행복이란? : 어릴 때처럼 순수하게 소소한 것에 기뻐하
는 모든 순간
② 어떨 때 행복한가? : 나의 기쁨을 나눌 때 행복하다.

Q14 내 삶의 애로사항 2가지만 표현한다면?

① 너무 열정이 많은 것
② 체력이 약해진 것

Q15 나를 한마디로 소개한다면?

긍정의 사람

Q16 내가 원하는 삶의 모습은 어떤 모습일까?

함께 돕고 즐겁게 살아가는 모습 : 모든 사역의 초점이 하나
님 안에서의 행복 누림이다.

Q17 80살 때의 내 모습은?

건강한 모습으로 하루하루 감사하며 살고 있기를 바란다.

Q18 《나만의 백과사전》이 나온다면 느낌이 어떨지,
어디에 활용할 것인지?

① 느낌 : 나를 소개하는 좋은 자료가 될 것이기에 기대가 된다.
② 활용 : 성도분들과 지인들에게도 추천하고, 써보게 할 것
이다.

Q19 나를 살리는 펩톡, 2023년에 활용할 펩톡은?

내가 힘들 때가 생기더라도 누군가의 도움이 있었음을 기
억하며 작은 사랑이라도 흘려보내는 내가 되자.

Q20 지금까지 하루를 설렘으로 시작, 감사로 결실 만드는 삶
을 실천하면서 자신만의 소감과 자신에게 해줄 칭찬은?

설시감결 1280일차가 넘었고 무엇보다 감사 일기를 습관화
하는 것은 매우 삶에 도움이 된다는 것을 느꼈다. "태승원!
참으로 잘했다" 하고 칭찬하고 싶다.

나를 힘나게 한 기록

에필로그

최근에 감동과 눈물 나게 만든 것은 13살 중학생이 삶의 매뉴얼인 나만의 백과사전을 만들었다는 것이다. 이렇게 내 자녀가 실천하고 보완하며 살아간다면 얼마나 멋진 인생을 살아갈까….

67살 회장님이 자신만의 매뉴얼로 80살, 100살을 생각하며 후배들에게 도움 주며 살아가는 것, 우리 아버지가, 우리 선배가 이런 모습이면 어떨까…. 상상만 해도 가슴이 설레고 삶의 에너지가 생긴다.

**"여러분의 삶에 나침판과 지도가 필요하십니까?
나만의 백과사전을 만들어 보세요!"**

나만의 백과사전

초판 1쇄 2022년 11월 2일

지은이 이태성 외 34인
펴낸이 최경선   **펴낸곳** 매경출판㈜
기획제작 ㈜두드림미디어
책임편집 이향선   **디자인** 노경녀 nkn3383@naver.com
마케팅 한동우, 장하라

매경출판㈜
등록 2003년 4월 24일(No. 2-3759)
주소 (04557) 서울특별시 중구 충무로 2(필동 1가) 매일경제 별관 2층 매경출판㈜
홈페이지 www.mkbook.co.kr
전화 02)333-3577
이메일 dodreamedia@naver.com(원고 투고 및 출판 관련 문의)
인쇄·제본 ㈜M-print 031)8071-0961
ISBN 979-11-6484-486-9 (03190)

**책 내용에 관한 궁금증은 표지 앞날개에 있는 저자의 이메일이나
저자의 각종 SNS 연락처로 문의해주시길 바랍니다.**

책값은 뒤표지에 있습니다.
파본은 구입하신 서점에서 교환해드립니다.